ことばの「言いかえ」便利帖

博学面白倶楽部

JN102902

三笠書房

はじめに　「一番いいことば」が見つかる本

ＳＮＳをはじめ、誰もが「自分の言葉」で発信していく時代。

言葉は、ちょっと使い方を間違えるだけで、自分の気持ちが伝わりきらなかったり、相手に誤った印象を与えてしまったりします。

たとえば――

あなたがつい発した〝**すみません**〟は、

「**心苦しい**」思いからでしょうか？

それとも「**どうぞおかまいなく**」という気持ちからでしょうか？

本書は、実生活のさまざまな場面で使える「言いかえ」表現を選び抜きました。

その言葉にふさわしい事例や由来を知って、自分の「言葉の引き出し」に入れ、よりよいコミュニケーションにお役立てください。

もくじ

1章 頭も品もよく見えることば31

2章 ほとばしる気持ちが表われることば27

3章 情景がありありと浮かぶことば28

4章 大切に思う気持ちがしっかり伝わることば28

5章 由来を知ったら面白いことば28

6章 使ったら一目置かれることば42

7章　漢字で書いて送りたいことば16

本文イラストレーション　つまようじ（京田クリエーション）

1章

頭も品もよく見えることば31

1 ひとまず安心で「胸をなでおろす」

トラブルにあったという本人から「大丈夫」と連絡が入ったとき、どう返せばいいでしょう。

もちろん「よかったです。ほっとしました」でもいいのですが、本当に心配していたというニュアンスを出すには、こんな表現があります。

「胸をなでおろしました。案じていました」

こちらのほうが、心配していたという気持ちがより伝わります。

「胸をなでおろす」とは、心配なことが解決し、ひとまず安心すること。安堵《あんど》してドキドキしていた胸の鼓動《こどう》もしずまるということです。

この言い回しは突発的な出来事などで心配な状況にある場合に使われます。長い間、ずっと気になっていた事柄が片づいたときの安堵ではなく、突然のピンチを免《まぬが》れたようなシチュエーションです。

「お知らせいただき、胸をなでおろしました」「どうなることかと思っていましたが、解決の知らせに胸をなでおろした」などと使うことができます。

2 度胸に感心したら「肝が据わる」

どっしりと落ち着いていて、たいがいのことではびくつきもしない様子を「肝《きも》が据《す》わる」といいます。**多少のことでは驚かず、度胸があるという意味**です。敬意をこめた言葉遣《づか》いにしたいときには、「度胸がある」よりも「肝が据わる」と言いかえるといいでしょう。

たとえば、賛辞を送るとき。先輩の度胸に感心した場面なら、「さすが先輩、肝が据わっていますね」と感服した様子で言えば、相手によい印象を残せるでしょう。目上の人の評判についても、「○○部長は度胸がある人」よりも「○○部長は肝が据わった人」と言ったほうが重みと敬意が感じられます。

「肝」は肝臓、胆のうを表わす言葉ですが、度胸や勇気はここから生まれると考えられてきました。それは「肝っ玉」「胆力」「大胆」「豪胆《ごうたん》」といった言葉が如実《にょじつ》に物語っています。

また、「肝が座る」と書いてしまうと間違いなのでご注意を。ぐらつくことなく安定して動じないことが「据わる」です。

3 気持ちの落ち着きが伝わる「なごむ」

「なごむ」は、気持ちがやわらぎ落ち着くこと。緊張がほぐれて、リラックスした穏《おだ》やかな状態になることを表わします。**気持ちが落ち着いた様子を知的に表現するには、ぴったり**です。

たとえば、誰かとお茶を飲んでいるとき、「まったりするね」より「なごむね」と言うと大人っぽく響きます。

小さい子どもの愛くるしい写真を見たとき、「かわいい写真ね」でもいいのですが、どこか白々《しらじら》しく上滑りに響いてしまうことがあります。そんなときは「なごませる写真ね」と言い換えましょう。

なごやかな状態になる、なごやかな状態にするという意味もあり、「その一言で場がなごんだ」「あの人は場をなごませるのがうまい」などと使うことができます。

漢字で書くと、「和む」。平和の「和」であり、やわらか、穏やかという意味を持つ漢字です。

4 頑張る様子が目に見える「いそしむ」

「頑張る」という言葉は、「頑張ってね」「頑張ってまーす」などと日常的に広く使われるためか、力を尽くしている状況を伝えるには、ちょっと軽い響きがあります。丁寧《ていねい》な言葉遣いをしたい場面では、幼い印象もありますね。

誰かがとても頑張っている様子を表わすときには、「いそしむ」という言葉を使う手があります。「姉は長年、仕事を頑張ってきました」と「姉は長年、仕事にいそしんできました」を比べてみましょう。後者のほうが大人っぽく響きますし、その人が熱心に仕事に励んでいる姿が浮かぶのではないでしょうか。

「いそしむ」は漢字で書くと「勤しむ」。熱心に励むこと、精を出すことをいいます。短時間の頑張りではなく、毎日なまけることなく、コツコツと仕事や勉強に励むこと、やるべきことに打ちこみ続けることを表わします。

ですから、勉強を頑張る弟なら、「弟は将来の目標に向かって日々勉強にいそしんでいる」、奮闘する研究者の記事を読んだあとなら、「失敗を重ねながらも、変わらず研究にいそしむ姿に感銘を受けた」などと使うことができます。

5 どうしたものかと悩んだら「思案に暮れる」

仕事で案件を進めていて壁にぶつかったときや、ミスの穴埋めをしなければならないとき、また友達と行き違いがあったとき——。どのように解決したらいいかを懸命に考えるでしょう。

そういう心情は「どうしたらよいか悩んでいます」「いろいろ考えて迷いに迷っています」などでも伝わりますが、あまりにストレートすぎるかもしれません。なにより、解決へと導こうとする強い姿勢がある印象を受けません。

そこでスマートなのが「思案に暮れています」。**頭を働かせて深く考え、思いめぐらせるのが「思案」**です。相手からすれば、よい策が浮かんでいない状態でも思慮深く考えているように聞こえますし、誠実な印象を受けます。

さらに、どんなに思案に暮れても答えが見つからない場合、あれこれ試しても解決しない場合は、同じ「暮れる」でも「途方に暮れる」段階へといたります。こちらの言い回しでは、方策が尽きてどうしたものかわからず、困り果てている気持ちを表わすことができます。

6 モヤッとする気持ちは「釈然としない」

取引先から取引条件を変更すると言われ、あれこれ説明を受けたが理由がどうもはっきりとしないとき、上司にどう報告すればいいでしょうか。「モヤモヤしています」と言うわけにはいきませんね。

「今ひとつよくわからない」と思うなら、「どうも釈然《しゃくぜん》としないんです」「説明を受けましたが、釈然としないままでした」などと「釈然」を使うといいでしょう。

「釈然」とは、心の中の迷いや疑いが晴れて、さっぱりしたさま。だから、「釈然としない」と否定すれば、**迷いも疑いも解けないまま、疑念やわだかまりが残っていること**になります。

トラブルが起きて相手が過失を認め謝罪があっても、原因が明確にならないままで再発の心配が消えないなら、「釈然としない部分がある」「謝られても釈然としないものが残る」として、改めて原因の解明を求められます。

モヤモヤしているという点では、恋人からの突然の別れ話なども当てはまります。「目指す方向が違うと言われたけれど、釈然としない」という使い方ができます。

7 心配な気持ちを目上に伝えるなら「案ずる」

上司が急に休んだり、取引先から商談延期の知らせがきたりしたら、相手への気遣いをどう示せばいいでしょう。

年齢が近く親しい間柄では「すっごく心配していた」「ホント心配しました！」でいいでしょうが、年上で気を遣う相手となるとそうもいきません。相手を思っての発言でも「何もわかりもしないで」「友達じゃない」と怒らせてしまうことに……。

重い責任、重要な役目、複雑な状況など、想像も理解も及ばない事情があるかもしれません。そう考えると、安易に「心配です」とは言いづらいものです。

そんなときは「案じております」「案じておりました」などと、「案ずる」を使うのが便利です。気遣う、心配するという意味です。

仕事の進捗《しんちょく》状況、物事の成り行きなどに不安があるときも、「案ずる」は使えます。「本当に間に合うのか心配です」「これで大丈夫なんでしょうか」では角《かど》が立ちますが、「このままでよいものかと案じております」という言い方なら、**こちらが不安に思っているとやんわりと伝えられます。**

8 マズいことを重く受け止めるなら「ゆゆしき事態」

取引先のやり方に大きな問題が発覚したとき、「このままじゃ、マズいですよ」と詰め寄ったところで、衝突を招くことになりかねません。言葉が軽すぎ、何よりストレートすぎて、摩擦が生じることになります。

ここは神妙に「これはゆゆしき事態です」と言えば、相手も危機感を感じ取り、きちんと向き合おうという姿勢を見せてくれるでしょう。少し時代がかった言葉の重み、文語的な響きが、改まった印象を与えます。

「ゆゆしい」とは、程度がはなはだしく、重大であるという意味です。もともとはよい意味でも悪い意味でも用いられましたが、今日では、不吉であるというニュアンスを含む使い方が多くなりました。つまり、「ゆゆしき事態」と言えば、深刻な事態であり、そのまま放っておくと重大問題となる、見すごすことはできないと深い憂慮《ゆうりょ》を伝えられるのです。

深刻なトラブルが起きて対応が急がれるときも、上司に「ゆゆしき事案だと思います」と言えば、話を重く受け止めて聞いてくれるでしょう。

9 どうしていいかわからないときの「うろたえる」

突然、訪れたピンチにどうしていいかわからないとき、その状況をどう言葉にすればいいでしょうか。

親しい間柄なら、「突然のことでパニクってる」でもOKかもしれませんが、改まった場面ではためらわれます。

「突然のことで、うろたえております」

このように言うことで、自分が受けた衝撃の大きさをフォーマルに伝えることができます。

「うろたえる」とは、不意打ちに驚きあわて、取り乱してしまうこと。うろつくという意味もあるので、相手の脳裏にはうろうろ、まごまごしている様子が浮かぶでしょう。

漢字で書くと「狼狽える」。ですから音読《おんよ》みの「狼狽《ろうばい》する」と言いかえることもできます。「突然のことで狼狽し、先ほどは失礼しました」「あまりのことに狼狽しております」といった反応の仕方もできますね。

10 大切に育てた気持ちを伝える「手塩にかける」

誰しも庭やベランダで植物を育てた経験があるでしょう。こまめに手入れしたかいあって、きれいな花が咲いたり、実がなったりすると、写真に撮って人に見てもらいたくなります。

ふだんなら「ウチの庭に咲いた花」とSNSでアップするところを、少し知的に見せるにはどう表現すればいいでしょう。

「手塩《てしお》にかけて咲かせた花」

そんなふうに伝えたら、花もどこか特別なものだと伝わるのではないでしょうか。

「手塩にかける」とは、自分自身が手をかけ、いろいろと世話をして大事に育てることを表わします。

そもそも「手塩」とは、不浄を払うため食膳《しょくぜん》に添えた塩のこと。小皿に少し盛って置く習慣でしたが、この塩を各自が好みに合うように味つけに使うようになり、そこから転じて自分の手で面倒を見るという意味合いが生まれました。

「手塩にかけた盆栽《ぼんさい》」また「手塩にかけて育てた部下」といった使い方ができます。

11 何度思い出しても悔やまれる気持ちは「かえすがえす」

あとで振り返ってみて「あのとき、ああしていれば……」と悔やむことは誰にでもあるでしょう。「こんなことにはならなかった」と、後悔の念にさいなまれる場合、「かえすがえすも残念でならない」という言い方があります。

何度思い出しても悔やまれ、つくづく残念に思う気持ちを表わします。

たとえば、「もっと頑張って勉強していたら資格を取れたはずなのに、つい友人と飲み歩いてばかりいた」「ギャンブルにはまったばっかりに、マイホーム資金までつぎこんでしまった……」といった状況。

こういうときに「かえすがえすも悔やまれてならない」と言えば、思い出しては後悔する様子がありありと伝わります。

また、「かえすがえすよろしくお願いします」というように、何度も繰り返し念を入れてお願いするときも使われます。漢字で書くと、「返す返す」。ただし一点、注意が必要です。これらは「重ね言葉」といわれ、結婚式や葬式では避けられます。結婚式や葬式では不幸が重なると連想されるためです。

12 自分の長所を誇るときは「自負している」

「こう見えて、意外と発想が豊かなんです」「お客様から信頼される質《たち》なんです」

自分の強みをこのような言い方で表現する人がいますが、耳にした側には、ただの自惚《うぬぼ》れに聞こえるかもしれません。面接、面談などで自己アピールするなら、「自負《じ ふ》」という言葉を使って品よく言うことができます。

「発想が豊かであると自負しております」「お客様とたしかな信頼関係を築けたと自負しております」といった具合です。

「自負」とは、自らの才能、技術や実績などが優れていると信じ、それを誇ること。

自分の長所を語るときに使える言葉です。

「御社のお役に立てると自負しております」「事業の成功に貢献できると自負しております」などと、ビジネスの場面でもよく使います。

自負するその心を「自負心」といいますが、「あの人は自分の仕事ぶりに強い自負心を持っている」という言い方もあります。「プライド」という言葉のほうがなじみあるかもしれませんが、同じような意味合いです。

13 気遣いに応対する「お心遣い」

おいしいお菓子をお土産《みやげ》にくれたとき、また差し入れをいただいたとき、お礼を伝えるのに「気を遣ってもらっちゃって……」では、ちょっとくだけすぎかもしれません。そこは「お心遣い、ありがとうございます」とすれば、丁寧にお礼を伝えることができます。

「お心遣い」とは、相手に心を細かく配ること。「お心遣い、ありがとうございます」と言えば、**自分または自分たちに配慮してくれたことにお礼の気持ちを表わすことになる**わけです。

また、**「お心遣い」は、そのままご祝儀《しゅうぎ》やお見舞いなどの金品をさす**場合もあります。「ご祝儀にたくさんお金をいただき、ありがとうございます」「お見舞いにお金を包んでもらい申し訳ありません」では、あまりにも生々しいですね。

お金のことは婉曲的《えんきょくてき》に言い表わすのがスマート。「お心遣い、ありがとうございます」または「お心遣いをいただき、とても感謝しています」などと伝えましょう。それだけで相手には気持ちが伝わります。

14 イマドキの〝推し〟とは「太鼓判を押す」

「コレは推《お》し」「推しは誰？」などと、若者が最近よく使う「推し」。ほかの人にすすめるという意味の「推し」ですが、それだけよいと確信しているなら「太鼓判を押す」と言いかえることができます。

その人、また品物が間違いなくよいと保証するとの意味です。品質などを証明するために太鼓のように大きな判を押したことに由来しています。

「あの人は専門家が太鼓判を押した技量の持ち主です」「これはすばらしいと先生も太鼓判を押してくれました」というように、**自信をもってすすめられるものに使います。**

ほかに、「折り紙つき」「お墨つき」といった表現もあります。前者は保証書、鑑定書がついていること、後者は将軍や大名が家臣の領地替えや石高《こくだか》の加増《かぞう》を墨で書いて証《あかし》としたもので、やはり保証書のようなもの。

「恩師も絶賛した折り紙つきの一品」「社長のお墨つきをいただいた」などと使います。

15「せっかくの」で相手の気分を害さない

「その日はムリ」

友達の誘いをそんなふうに断っていると、そのうちに誘ってもらえなくなるかも。どこかはねつける印象があり、不快感を与えているかもしれません。

「せっかく誘ってくれたのに残念！」

このように「せっかく」を使うだけで、与えるイメージはがらりと変わります。**相手の厚意をいったん受け止め、ありがたく思っていると匂わせつつ残念だと伝える**と、同じ断りでも気分を害さずにすみます。

ビジネスでは、「せっかくの機会ですが、その日ばかりは……」「せっかくお誘いいただいたのに申し訳ありません」というような断り方になるでしょうか。

この「せっかく」は漢字で書くと「折角」。由来は古代中国の後漢《ごかん》の時代にまでさかのぼります。郭泰《かくたい》という学者が旅の途中で雨にあい、濡れた頭巾《ずきん》の角がひしゃげてしまいました。彼を慕《した》う人々が、それを真似てわざわざ頭巾の角を折ったという逸話から生まれたといわれています。

16 すすめられた飲み物を遠慮するなら「おかまいなく」

相手先に訪問して飲み物をすすめられたとき、どんなふうに遠慮すればいいでしょうか。

ストレートに「いりません」と言うのは、さすがに気が引けます。「ダイジョウブです」「いいです、いいです」といったところでしょうか。

きちんとした言葉遣いで返すなら「おかまいなく」という辞退の仕方があります。

この「おかまいなく」の「かまい」は気を遣い、世話を焼くことを意味する「構う」。

つまり、**「どうぞおかまいなく」と言えば、「どうぞ私のためにお気遣いなく」という意味**になります。

「何か飲みますか?」と聞かれたときだけでなく、お茶やコーヒーなどのもてなしを受けた状況でも使えます。目の前に出されたときに恐縮した様子で「どうかおかまいなく」と言えば、どうかもうこれ以上お気遣いないよう願いますという気持ちが伝えられます。

17 言えない事情をそれとなく伝えるなら「言いかねる」

人から質問や要望を受けたら、できるだけ応じたいもの。ビジネスでもプライベートでも、「答えられない」「できない」とはあまり言いたくありませんね。そこで、どう言いかえるかが重要になります。

あまりにぶしつけな質問や詮索《せんさく》をされた場合。

たとえば「この商品の仕入れルートはどちらですか?」「こんなうわさを聞いたけど、本当のところを教えて」などと投げかけられたところで、答えるわけにもいきません。

そんなときは、「言いかねる」という表現が便利です。「はあ、何とも言いかねます」「それは何とも言いかねるんだけど……」と答えておくのです。「言いかねる」とは、言うのが難しいという意味。**差しさわりがあるので言わずにおく、差し控えるという状況で用いる**ことができます。

「答えるのはムリです」「普通はそういうことは教えないでしょう」などと言うより大人の対応で返したいものです。

18 キッパリと断っても品がいい「結構です」

「大丈夫です」をイエスとノーの両方の意味で使う人が増えています。

たとえば飲食店で、「満席ですが、お待ちになりますか」と尋ねられた場合。待たずに出直すつもりで「大丈夫です」と返事しても、店員さんには「待ってもいい」という意味にとられるかもしれません。

また、スーパーで「有料ですがレジ袋はどうされますか」と尋ねられた場合。「いりません」という意味で「大丈夫です」と答えても、店員さんには「有料でかまわないのでください」という意味で理解されるかもしれません。

このように、「大丈夫です」には、あらぬ誤解を招くおそれがあります。

そこで使いたいのが「結構です」という言い回し。「結構」は申し分ないほど優れていることを表わすほか、その状態で十分であり、満足であるという意味もあります。

「結構です」と言えば、丁寧に断ることになります。

飲食店でおかわりをすすめられたり、デパートで別の品物をすすめられたりした場合も、「結構です」と言えば、やんわりと品よく断ることができます。

19 頼りなさをほのめかす「心もとない」

後輩や新人を取引先や顧客との面談に送り出すとき、「○○さんで、ホントに大丈夫か」「ちょっと心配だな。頼りないから」といった声が上がることもあるでしょう。

こういう状況では同じ不安に思う気持ちでも、「心もとない」と表現すると心から気にかけている気持ちを示せます。

「ちょっと心もとない気がする」「たしかに心もとないところがある」といった言い方です。

「心もとない」とは、頼りにならず不安で気がかりであること、危なっかしくて落ち着かない様子です。「頼りない」と言うと信頼していないというマイナス評価がストレートに出てしまいますが、**「心もとない」なら不安で気がかりな気持ちなのだと伝わります。**

プライベートで誰かに会の幹事や役員を頼む場合なども、「○○さんは？」という提案に、「いや、あの人では心もとないよ」といった使い方ができます。

20 ひどいふるまいをやめさせる「つつしむ」

社会に出たばかりは、場をわきまえた言動に苦労させられます。職場で昼休みの後に雑談していて盛り上がったら、あとで上司に呼ばれて「少しつつしむようにね」と注意されるようなこともあるでしょう。

この場合、**「つつしむ」とは、軽はずみなことをしないように注意する、度を越さないよう自制する**といった意味です。言いかえれば、上司は「うるさいよ。職場で騒ぐんじゃない」と忠告したわけです。

目上の人には使えない言葉なので、後輩や部下の目に余る言動をたしなめるために覚えておくと役立ちます。取引先に対して横柄に振る舞った部下には「態度をつつしみなさい」、失礼な口をきいたら「口をつつしみなさい」という具合です。「その態度をやめろ」「その口のきき方は何だ！」と声を荒げるより、静かに「つつしみなさい」と言い渡したほうが効果的でしょう。

酒の席で部下が厚かましく振る舞った場合も、翌日「今後はつつしんでください」と注意するのに使えます。

21 図々しい人のことは「厚かましい」

「へえ、あのマンガ、全巻揃えているの？　貸してもらえるなら、全巻、持ってきてくれない？」

何かを借りるだけでも厚意《こうい》に甘えることなのに、全巻すべて持ってきてほしいなんて……。少々「厚かましい」お願いかもしれませんね。このように、こちらの苦労にもう少し気がついてほしいなと感じることは少なくありません。

親しい間柄なら「図々しいヤツだな」と言って笑ってすみます。でも、そこまで親しくない相手なら、「厚かましい」を使ってクギを刺すのはどうでしょうか。**「厚かましい」とは、図々しくて言動や態度につつしみがないこと。**

「それはちょっと厚かましいお願いなんじゃない？」

「けっこう厚かましいこと言うね」

軽い調子でこのように言うくらいなら、角は立たないでしょう。

相手の偉そうな対応や過大な要求に頭に来たときは、「厚かましいにもほどがある」と言えば、強く非難することになります。

22 目ざわりな感じを示す「鼻持ちならない」

自分がいかに有能であるかを勝ち誇ったように見せつける人、学歴や収入を何かにつけてひけらかす人……。職場や趣味のサークルに嫌《いや》みな人がいると、いつしか悪口や不満の声が上がるものです。

そんなまわりに流され、一緒になって「ホント嫌なヤツ」「超ムカつく」などと口にしていませんか。これでは子どもじみて映ります。

その点、「たしかに鼻持ちならない人だよね」という言い方をすれば、**ひどく不快に思っていることが品よく表現できます。**

この「鼻持ち」とは、臭気を我慢すること。その人の嫌みな言葉や行動が悪臭を発していて、それがとても耐えられないほどひどい、不愉快だとする言い回しが「鼻持ちならない」なのです。

また、嫌な臭いが気になることを「鼻につく」といいますが、人の言動に対しても、「言い方が嫌みで鼻につく」「カタカナ言葉ばかり使って鼻につく」などと使います。

23 相談に乗ってほしいときは「お知恵を拝借」

難しい問題に直面したときは、ひとりで悩むより人に相談したほうが道は開けやすいもの。経験を重ねた人はさまざまな対処法を知っているので、思いもよらない解決策を教えてもらえるかもしれません。

仕事のことで上司や先輩に相談に乗ってほしいときは、「お知恵を拝借《はいしゃく》できますか」「お知恵を拝借したいのですが」と頼んでみましょう。

簡単な質問程度なら「ちょっとお聞きしたいのですが」でもいいでしょうが、**多少なりとも相手の時間をもらい、アイデアも借りる場合なら、それなりに丁寧なお願いの仕方が必要**になります。

「お知恵を拝借したい」と言えば、「あなたの知恵を私は頼りにしている」「その知恵で私を助けてほしい」というメッセージが伝わります。頼られたほうも悪い気はせず、知識と経験に裏打ちされた考えや方法を教えてあげたくなるものです。

「拝借」まで言うことに違和感を持つ人は、「お知恵を貸してもらえますか」「お知恵を貸していただけないでしょうか」でもいいでしょう。

24 協力をお願いする「お力添え」

人に協力を求めるときは、どのような頼み方をするかで、受け入れてもらえるかどうかに差がつきます。

「協力してください」「力を貸してください」というのは、シンプルな言い方ですが、謙虚にお願いする気持ちが出ていません。文脈や言い方しだいでは、協力するのが当然とばかりに一方的な印象さえ与えかねないでしょう。

そこで「ぜひ協力していただきたい」「できれば力をお借りしたい」などと言いかえると、へりくだってお願いする気持ちがこめられます。

さらに、**立場や年齢が離れた人に丁重にお願いするときは、「お力添え」という言葉がぴったり**です。人に力を貸して援助すること、仕事の手助けをすることを意味します。

「お力添えいただければ幸いです」

「ぜひともお力添えいただきたくお願いいたします」

こうした言い方なら相手の力を本当に頼りにしている気持ちが伝わります。

25 失礼を承知でお願いしたいときの「ぶしつけ」

さほど親しくない相手に何かをお願いするときなどは、「ぶしつけ」を前置きに使って恐縮する気持ちを伝えるといいでしょう。「ぶしつけなお願いで恐縮ですが」「ぶしつけなお願いなのですが」と切り出すのです。

いきなり用件をストレートに伝えると、強引で礼儀を欠く印象を与えかねないので、このフレーズはいいクッションとなります。

「ぶしつけ」は漢字で「不躾」と書き、文字通りしつけがなっていないこと、礼を欠くことを表わします。勝手な頼み事だと自覚しているとき、また唐突に何かを頼むときにも広く用いられます。

たとえば、電話をかけて「ぶしつけではございますが、例の件のお返事をいただけますでしょうか」と言えば、「早く返事をください」という気持ちを丁寧に伝えることができます。

また、「唐突かな」「失礼かな」と思った場面では、「ぶしつけながらお願いいたします」と軽く頭を下げると、相手の気持ちをやわらげることができます。

26 自分のミスだと認めるときは「不手際」

仕事にミスはつきもの。同じミスを繰り返さないように反省することは大切ですが、それと並んで、非を認めきちんと詫《わ》びることも大切でしょう。

上司や顧客にミスを詫びるとき、「ミスってしまって、すみません」「ごめんなさい」では未熟な印象です。今後も期待できないと思われてしまうでしょう。

ビジネスの場にふさわしい言葉遣いは「不手際」。手際が悪いこと、物事の処理の仕方がうまくないこと、結果的に出来が悪いことを表わす言葉なので、広く使えます。

「私の不手際です。申し訳ありません」

落ち着いた声でそう言って頭を下げると、反省の気持ちも伝わります。

顧客に対して丁重にお詫びする際は、「私の不手際で大変ご迷惑をおかけしました」「今後はこのような不手際がないよう十分注意しますので、どうかご容赦《ようしゃ》ください」といった言い方ができます。

27 〝しまった！〟という気持ちは「粗相」

「子どもが粗相《そそう》をした」といえば、その意味はお漏《も》らし。しかしこの意味しか知らずにいると、ビジネスの場における「粗相」を誤解してしまうかもしれません。

人は誰しもミスをすることがありますが、その原因は準備不足だったり、極度の緊張だったりと、さまざまです。

注意力が足りずに「やっちゃった！」「あ、ヤバ！」「マズい！」と思わず声を上げるような失敗を「粗相」といいます。

「とんだ粗相をしてしまい、深く反省しております」

「この度は、○○が粗相をいたしまして、申し訳ございませんでした」

このように不注意によるミス、失敗を認め、謝るときによく使われます。

また、礼儀を欠いて相手を不愉快にさせたり、迷惑をかけたりすることにも使われる言葉です。

「大切なお客様なのだから、くれぐれも粗相のないようにね」といった使い方があります。

28 無事に終わったら「つつがなく」

上司から「この間の大型イベント、どうだった?」と聞かれ、「おかげさまで、つつがなく終了しました」と答えられたら、優秀なヤツだと印象づけられるでしょう。

「つつがない」とは、「災いなく」「問題なく」順調であることをさします。健康、無事であるという意味でも広く使われ、久しぶりに連絡をとった人に「おかげさまで、つつがなく暮らしております」と伝えるのは常套句《じょうとうく》です。

語源は一説によると、「つつが」という漢字にあるといわれています。漢字で書くと「恙」。病気や災難を表わす古い言葉で、つまり「恙《つつが》」「無《な》い」というわけです。

ただ注意したい点があります。この表現を使うのにふさわしくない場があることです。結婚式の二次会くらいなら、かろうじてOKかもしれませんが、結婚式では使えません。葬式や病気の見舞いなどでも控えたい言葉です。

結婚式や葬式は縁起が悪い言葉が嫌われるシチュエーションであり、病気や災いを連想させる「つつがない」は避けられるのです。このような場合は「滞《とどこお》りなく」に置きかえ、「滞りなく終了しました」と言うといいでしょう。

29 なんとなく雅やかな「そこはかとない」

きちんとした言葉遣いが求められる場で「なんかわからないけど、いい香りがするので」「なんとなく惹《ひ》かれて」と言っては台無しです。上品な雰囲気を出したいときは「そこはかとない」と置きかえましょう。

「そこはかとなくいい香りがしたので」「そこはかとない趣《おもむき》に惹かれるんです」と、さらりと口にすれば、相手をうならせることができそうです。

「そこはかとない」とは、これといって理由を特定することはできないものの、そのように感じていること。品のよい印象を会話に添えられます。

これは「雅語《がご》」の効果といえるでしょう。平安文学などに見られる雅《みやび》やかな言葉を上手に使っています。

「そこはかとなく」は紫式部の『源氏物語』にも使われています。吉田兼好の『徒然草』の有名な冒頭も、「つれづれなるままに、日ぐらし硯《すずり》に向かひて、心にうつりゆくよしなしごとを、そこはかとなく書き付くれば……」と綴《つづ》られています。

そんな伝統ある言葉を使えれば、印象も評価もアップするにちがいありません。

30 目上には〝了解〟ではなく「承知しました」

インスタントメッセージを多用する若者が、素早いやり取りのために言葉を省略し、「了解」を「り」で表わしていると話題になりました。そんな言葉があるくらいですから、「ですます調」の「了解です」「了解しました」は、比較的丁寧な言い方に思えるかもしれませんね。

でも実はこれらは、目上の人に敬意の気持ちを表わしていることにはならないのです。

なぜなら「了解」は本来、自分と同等の相手に用いる言葉だからです。

上司に「この件は今日中に処理するように」「例の件、手配しておいて」と指示されたとき、「了解です！」と元気よく丁寧に答えたつもりでも、かえってムッとされるかもしれません。人によっては「ＯＫっす！」という返事と、たいして変わらないと受け取られるでしょう。

敬意を表わす返事は「承知しました」です。目上の人の命《めい》を承《うけたまわ》るという意味です。

「了解です」という人が多い昨今、この一言だけで品のよさを印象づけられます。

31 ぶっちゃけるときなら「実を言うと」

「ぶっちゃけ、きついっすね」「ぶっちゃけた話、これ以上はムリですね」

このような学生ノリの話し方では、得られるはずの信頼も損《そこ》ないかねません。ノルマ未達成に対する上司への相談でも、取引先との値段交渉でも、これでは話がスムーズに進まないでしょう。

「実を言うと、かなり厳しいです」

「実を言うと、もうこれが限界です」

このように**「実を言うと」に置きかえると、そこから先も自然ときちんとした言葉遣いになるもの**です。

「ぶっちゃける」とは、「打ち明ける」を強めた「ぶちあげる」を崩したもの。テレビなどの影響で身近になりましたが、やはりビジネスの場や目上の人の前ではふさわしくありません。

状況に合わせて「正直に言うと」「正直なところ」「ここだけの話ですが」などの言い回しも使えます。

2章

ほとばしる気持ちが表われることば27

32 ワクワクしている気持ちには「心が躍る」

自分がワクワクしていることを伝えたいときに便利なのが「心が躍る」。飛び跳《は》ねたり、跳ね上がったりすることを意味する**「躍る」を使うことで、喜びや期待にワクワクする気持ちを乗せることができます。**

たとえば、楽しみな計画、夢の実現など。「ついに夢がかなうと思うと心が躍る」「あこがれのパリ旅行の計画に心を躍らせている」といった使い方ができます。

ときには、「心躍る」と縮めて使うこともあります。

「この心躍る体験を一生忘れないでしょう」「心躍る雑貨を見つけては部屋に飾っている」などと表現します。

また、「胸が躍る」といっても、同じようにワクワクすることを表わせます。ドキドキ、ウキウキする気持ちにしっくりきます。

「躍る」ではなく「弾む」としてもいいでしょう。こちらも「心が弾む」「胸が弾む」の両方の言い回しがあり、同じようなニュアンスです。そのときの心境に合わせて、いちばんぴったりくる表現を使うといいでしょう。

33 感動が大きいなら「胸に迫る」

感動が大きいときに「感動した」と言うだけでは、どうも高鳴った気持ちが伝わりません。

たとえば、強い思いが波のように押し寄せてくる気持ちを表わすなら「胸に迫る」という表現はどうでしょうか。

プロジェクト成功の記念式典での上司のスピーチを聞いて、そこにこぎつけるまでの苦難の道のりを思い返して涙がにじんだとき。ただ「感動しました」と言うよりは、**「胸に迫るものがありました」と言い表わしたほうが、思いが伝わります。**

また、失敗して落ちこんでいたとき、友人から励ましのメッセージをもらって感動したら、「ありがとう。胸に迫ったよ」「胸に迫る言葉、ありがとう」などと使うと感謝の気持ちを表現できます。

ちなみに、「胸に迫る」以外にも、胸にずんと響くような感動は「胸を打つ」、ひたと沁《し》み入るような感じは「胸に沁みる」という言い回しがあります。言葉選びに気を遣えば、それだけ気持ちを乗せることができます。

34 感動がじわっときたときは「目頭が熱くなる」

「泣ける本」「泣ける映画」というように、最近は「泣ける」という言葉を耳にします。人の話に感動して「泣けるー！」などと使われています。SNSでは「（泣！）」などという表現も見受けられます。しかし、表現が安易なせいか、どこまで自分の感動が伝わっているのか、ちょっと怪《あや》しいもの。

本当に感動したことを伝えたいなら「目頭《めがしら》が熱くなる」という言い方があります。「目頭」とは目の、鼻に近い端の部分。目尻の反対の端のこと。涙がこみ上げると、ここがじんと熱くなることからくる表現です。

この涙があふれそうな状態は、「うるうるする」「うるっとする」に近いニュアンスがあります。相手からの励ましの言葉に泣きそうになったときなども、「うるうるした」より「目頭が熱くなった」のほうが知的に響きます。

また、こみ上げる涙を押しとどめる場合も、やはり「目頭」を用いて、「目頭を押さえる」といいます。

ハンカチを目元に当てている様子が自然とイメージできますね。

35 お返ししたいほどありがたい気持ちは「恩に着る」

仕事やプライベートで、自分がピンチに陥ったときに上司や先輩が救いの手を差し伸べてくれたら、きちんとお礼を伝えるべきです。心から感謝し、いつか何らかの形でお返ししたいと思っている心の内を、どう表現したらいいでしょう。

人から受けた援助や力添えは感謝すべき「恩」なので、「恩に着る」という言い回しを用いることができます。「ありがとうございました」や「感謝しています」に加えて、**「恩に着ます」と言い添えると、恩義に感じるほどありがたいと感じていることが伝わります。**

もちろん友達や同僚にも使えます。たとえば、旅先で宿が取れないとき、泊めてくれたとか、大事な約束に遅れないように仕事を手伝ってくれたとか、そんな相手には「恩に着るよ」と気持ちを伝えるといいですね。

逆に、自分が誰かに力を貸す側になったときは、いかにも「恩を着せる」ような態度は控えたいところです。感謝して当然というような振る舞いは、「恩着せがましい」という言い方があるように、みっともなく映ります。

36 うれしい話が持ちこまれたなら「願ってもない」

ビジネスでもプライベートでも、心からうれしいと思う話を持ちかけられたら、「願ってもない」と表現するといいでしょう。

「願ってもない」とは、たとえ願ったところで、そう簡単には実現しそうもないことが実現することです。

実現の難易度の高い事柄に用います。

それだけに喜びも大きいはずですから、「ありがとうございます。**願ってもないお話です」と応じれば、本当にうれしく、感謝する気持ちが相手に伝えられる**でしょう。

たとえば、会社が新しい顧客の開拓に力を入れる方針を打ち出したとたん、知り合いがよい話を持ってきてくれたとき。大口の取引が期待できる顧客を紹介してもらうことは、まさしく「願ってもないチャンス」でしょう。

プライベートでも友達とバーベキューを計画していたら、ぴったりの場所があるから使っていいという人が現われた場合など、「それは願ってもない話。みんな大喜びするよ」というように使えます。

37 今か今かと待ち望む「待ち焦がれる」

「今日という日をどれほど待ち焦《こ》がれていたことか」
「お会いできる機会を待ち焦がれておりました」

こんなふうに、何かを強く待ち望む気持ちを表現できるのが「待ち焦がれる」。「焦がれる」とは、居ても立ってもいられないほど望みをかなえたいと願うこと。「恋に焦がれる」というように、じりじりと身を焦がす強い思いです。

ですから、**「待ち焦がれていた」と口にすれば、今か今かと一途《いちず》に待っていたことが伝えられます。**「約束の日が来るのを待ち焦がれているよ」と言えば、会いたい気持ちの強さが表現できますね。

忙しい恋人とようやく会えた場合、「待ちくたびれた」と言ってしまっては文句に聞こえますが、「待ち焦がれていた」なら愛情表現になります。ほかの人など眼中になく、その人を思う気持ちが伝わるでしょう。

もうひとつ「首を長くして待っていた」と言っても、強く待ち望む気持ちを表現できます。まだかまだかと首を伸ばして様子をうかがう姿がイメージできますね。

38 よそよそしくされたら「水臭い」

「早く言ってくれればいいのに。水臭いな」

これは「君と私の仲じゃないか」と、親しく思っている相手に使う言い回しです。

「水臭い」とは、もともと水分が多すぎて味が薄いとか、水っぽいという意味の言葉。そこから他人行儀《ぎょうぎ》であるとか、よそよそしいといった意味合いで使われるようになりました。

冒頭のセリフは、自分が昇進のために猛勉強して頑張っていた折、早々に昇進を決めた仲のよい同期が、その事実を黙っていたような場合に使えます。

ほかにも、自分が以前好きだった人と、親友が交際し始めたといった状況でも考えられるでしょう。

「何で早く言ってくれなかったの。どうして黙っていたの」では、問い詰めるような調子になりますが、**「水臭い」なら、よそよそしい態度に悔しい気持ちが表現できます。**友達だからこそ、気を遣ってほしくないという思いを乗せているのです。

39 納得のいかない気持ちは「腑に落ちない」

長くつき合っている友達でも、毎日顔を合わせている上司でも、言うこと、やることのすべてが理解できる人はいません。たとえば、

「同期入社のあいつ、転職すると言っていたのに昇進試験を受けていたとは……」

「課長からA社担当と言われて準備したのに、いきなりB社担当になるとは……」

そんな**不可解な思い、もやもやした気持ちを表わすなら、「腑《ふ》に落ちない」という言い回しがぴったり**きます。

この「腑」は腸《はらわた》、つまり内臓を表わす言葉。内臓の総称である「五臓六腑」の「腑」です。「胃の腑」といえば胃袋のことで、「胃の腑に落ちない」と言っても同じ意味になります。

どうしてそうなるのか、とらえきれないことがあると、お腹のあたりがすっきりしないように感じるでしょう。それが「腑に落ちない」ということ。

「腑に落ちる」と言えば納得がいくとの意味になりますが、多くは否定形で使われます。

40 申し訳なさを感じたときは「気がとがめる」

誰かに対して申し訳なく思い、「何だか悪いな」と感じているときは、「気がとがめる」と表現できます。「とがめる」とは、罪や過ちを犯した人を非難したり、罰したりすること。

「気がとがめる」という使い方をする場合は、他人ではなく自分で自分をとがめる意味合いになります。

たとえば、美男・美女と注目されている同僚とこっそりおつき合いしていた場合。あとになって公表したときに「黙っているのは気がとがめました」というふうに使えます。

また、私用があって同僚たちが残業している中を抜け出さなければならなかったとき。

翌朝、出社した際に「昨日はホント悪かった」ですませるより、「さすがに気がとがめたよ」とつけ加えたほうが、申し訳なかったという気持ちが伝わるでしょう。

41 お詫びやお礼の気持ちを強調する「重ね重ね」

誰かに迷惑をかけたり、世話になったりしたときは、丁寧にお詫びやお礼を伝えたいものです。文字にすれば、真心がいっそう伝わります。

お詫びする場合、冒頭で「申し訳ありませんでした」と伝え、最後も「重ね重ねお詫び申し上げます」というお詫びの言葉で結びます。このように「重ね重ね」という言葉を使うと、心から申し訳なく思っている気持ちを表現できます。

礼状の場合も、「ありがとうございました」と繰り返すばかりでは、言葉足らずな感が否《いな》めません。繰り返し感謝やお礼を伝えたいときは、「重ね重ね感謝申し上げます」「重ね重ね御礼申し上げます」などと表現するといいですね。

「重ね重ね」は何度も繰り返すさまで、そこから程度がはなはだしいことも表わすようになり、自分の気持ちの深さを表現できます。「重ねて」と言いかえてもいいでしょう。

「かえすがえす」と同じく重ね言葉なので、結婚式、葬式で「重ね重ねおめでとう」「重ね重ね残念です」などと使わないようにご注意を。

42 リベンジしたときは「雪辱を果たす」

ライバルの存在は大切です。相手に負けて悔しい思いをすれば、次は必ず勝とうという励みになります。スポーツの世界に限らず、職場での営業成績や賞の獲得などでも同じことがいえるでしょう。

一度敗れた相手に打ち勝ち、恥を雪《すす》いで名誉を取り戻すことを「雪辱《せつじょく》を果たす」といいます。

「恥や名誉と言われてもピンとこない」という人は、最近ではよく耳にする「リベンジ」と同じだと考えるとわかりやすいかもしれません。「リベンジ」も以前に負けた相手に借りを返すときに使われます。

ライバルを破って「ついにリベンジした」と言いたくなったら、「ついに雪辱を果たした」と言いかえると、重みが加わります。**強い思いを抱いて頑張ってきたこと、それがとうとう報われたという喜びが表現できます。**

最近では、「雪辱を晴らす」という人があまりに増えて、完全な間違いとは言い切れない状況になっていますが、本来の言い方は「果たす」です。

43 心から愛しているなら「こよなく」

「モーツァルトをこよなく愛している」
「自然豊かなふるさとをこよなく愛している」
このように、愛する度合いが大きいことを表わすなら、「こよなく」という言葉が便利です。**「このうえなく」と同じ意味合いで、思いの強さを表現できます。**

実は昔は、愛する気持ちだけでなく悪い意味でも使われました。形容詞「こよなし」から生まれた言葉で、善悪を別として、程度がはなはだしく、多くのものの中で、群を抜いていることを表わしていたのです。つまり昔は「こよなく悪い」「こよなく劣っている」という言い方もしていたようです。

今では、「こよなく」はよいことにのみ使われています。加えて、軽い話し言葉にはないちょっと古風な響きと字面《じづら》のせいもあり、何かを賛美する気持ちをこめて用いられることが多くなっています。

「このお店すごく好き」だけでなく、お店のどの部分が好きなのかを考えて「趣深い佇《たたず》まいのこの店をこよなく愛している」と表現してもいいですね。

44 ぴったりとはまっているなら「うってつけ」

たとえば上司から「新商品に合う素材を探して」と指示され、ぴったりの素材を知っていたとしましょう。このとき、「うってつけ」という言葉を用いて、「A社はまさにうってつけの素材を扱っています」と答えることができます。

「うってつけ」とは、人や物事の状況などが目的にぴったりと当てはまることをさします。ふだんの言葉に置きかえれば「はまっている」に近いでしょうか。

人の役柄、役目などにもよく用いられ、「はまり役」は「うってつけの役」と表現できます。職場でチームの一員に加えたい後輩に「君ならはまり役だと思って」と言うよりは、「君にうってつけの役目だから」のほうが、相手をきちんと認めているニュアンスが伝わります。

もうひとつ近い意味を持つ表現に「おあつらえ向き」というのがあります。漢字では「お誂え向き」。「誂える」とは服のオーダーメイドのように、注文して好きなように作らせること。つまり、注文・希望の通りという意味で、「焼肉好きにおあつらえ向きの役目」「社交的な人におあつらえ向きの仕事」などと使うことができます。

45 深く結びついたカップルは「添い遂げる」

「ふたりは死ぬまで一緒だよ」「これからもずっと一緒よ」とは、恋人の気持ちを確かめるときの常套句でしょうか。

これでもこちらの気持ちは伝わるでしょうが、もっと強くアピールするなら、「添い遂げたい」という言い回しがあります。本気度を伝えるにはぴったりはまる言葉です。

「添い遂げる」の「添う」とは「そばにいる」ということ。

それを「遂げる」のですから、**最後までそばにいるという意味**になり、つまり「死ぬまでカップルであり続ける」ことを表わします。結婚の誓いに使われる言葉としても知られていますね。

また、長年連れ添った老夫婦でも使えます。

どちらかが他界したとき、「最後まで夫婦仲よく添い遂げました」「父と母は、ときには派手なケンカもしましたが、見事に添い遂げました」などと表現することもできます。

46 気に入らない人のことを「虫が好かない」

人には相性があります。理屈ではうまく説明できないけれど、どうも好きになれない相手もいるでしょう。そういう相手であっても「何か気に入らない」「なんとなくイヤ」「何気《なにげ》にキライ」といった表現は控えたいもの。

もう少し感情をおさえた言い方が「虫が好かない」。**どこがどうのというのではないのですが、嫌な感じがして気に入らないこと**をいいます。

「あの人、どうも虫が好かなくて……」と言うほうが、いくぶんオブラートに包んで表わせます。

この「虫」とは「腹の虫」のこと。

「腹の虫がおさまらない」という言い回しと同じく、お腹の中に棲《す》みつき、さまざまな感情を呼び起こすと俗に信じられていた虫のことです。何とも説明しがたい気持ちを虫のせいにして、好きになれないと表わすのです。

「虫が好く」との肯定形は単独では使いません。「虫が好く、好かないというが、どうもあの人は……」というように、否定形とセットで用いるのが一般的です。

47 おさえきれない怒りは「腹の虫がおさまらない」

社会の中で暮らしていれば、理不尽な出来事の連続です。

割りこみを注意したらふてぶてしい態度を取られたり、ぶつかってきた人に謝られるどころか怒鳴られたり――。

あとから思い出してもカッカとするとき、「超ムカつく～！」と叫びたくもなるものです。

おさえきれない怒りを表現するには、「腹の虫がおさまらない」という言い方があります。

先の「虫が好かない」でも取り上げましたが、「腹の虫」はお腹の中にいて、腹立ちや不満など、さまざまな感情を引き起こすと俗に信じられていた虫のことをいいます。

頭ではそんなに怒っても仕方ないと理解していてもどうしても我慢できないときに、「腹の虫がおさまらないのだ」と虫のせいにするわけです。

48 たまらなく嫌な人は「虫唾が走る」

周囲を見渡しても「顔を見ただけでムカムカする」という人は少ないでしょうが、このたまらなく嫌いな気持ちを表わしたいときに使えるのが、「虫唾《むしず》が走る」という言い回しです。

「虫唾」とは、胃が悪くて口の中まで逆流してくる胃酸などのこと。そして、そのときの胸がムカムカした不快な感じをさします。

つまり、**「虫唾が走る」とは、胃酸が上ってきたときのように不快で吐き気がするという意味。**

「ムカつく」という言い回しは、軽い不満を表わす調子でよく使われますが、「虫唾が走る」といえば、吐き気がするほどの嫌悪感を抱くことになります。

どうしようもないほど忌《い》み嫌う相手なら「顔を見ただけで虫唾が走る」と使えますが、相手をかなり強く非難することになります。

ちょっと気にさわることを言われたり、意見の行き違いがあったりした程度で「あの人、虫唾が走るわ」と安易に使おうものなら、トラブルの元になりかねません。

49 利口ぶった生意気な人は「小賢しい」

「アイツ、ナマイキ！」と言いたくなったとき、上品にその気持ちを表現するにはどうしたらいいでしょう。

それが**利口ぶった言動、生意気な口のきき方をさすなら、「小賢《こざか》しい」という言葉があります。**「小賢しい口をきく人だ」「小賢しいことを言う」と用います。

「賢」という字に悪い意味合いを連想する人はいないでしょうが、「小」が頭について「小賢しい」となると一転。悪賢《わるがしこ》いとか、賢いふりをしているだけ、見せかけだけという意味になるのです。

これは「小」に、小さいというだけでなく、軽んじて、ばかにするニュアンスもあるため。たとえば「小利口《こりこう》」も、少し利口なのではなく、抜け目がないことをネガティブにとらえた表現です。

「小賢しい」には、悪賢く、狡猾《こうかつ》に振る舞い抜け目がないという意味もあります。「あの人はときどき小賢しい真似をするから信用できない」「小賢しいところがある人だから気をつけたほうがいい」などと使います。

50 性根が腐ったヤツは「風上に置けない」

「風上《かざかみ》に置けないヤツだ」と聞いて、どんな人を連想するでしょうか。

これはなぜ風上に置いておけないのかを考えると納得できます。その人の性根《しょうね》や行ないがあまりに卑劣《ひれつ》であるため、風上にいたらその悪臭が風下《かざしも》に流れてきて臭くてたまらないということです。

「賄賂《わいろ》を受け取っていたとは、教育者の風上に置けないヤツだ」

「相談に乗るふりをして親友の恋人を奪うとは、人の風上に置けない」

そういった使い方が考えられます。

自分の仲間としては認められず、面汚《つらよご》しだとののしる表現です。**強い非難、憎悪さえ感じさせる言い回し**なので、ちょっとした不愉快や、行き違いがあったくらいでは使えません。

また、つい口を滑らせてしまうのか、時折「風下にも置けない」と言う人がいます。どんなに性根が腐って悪臭をまきちらす人でも、風下にいるぶんには、風上の自分のところに臭いは届かないので、意味をなしません。

51 募る恋心の胸苦しさは「せつない」

誰かに恋心を抱いていることに気がついたとたんに感じる、胸がしめつけられるような苦しさ――。そんな胸の内を表現するのが「せつない」という言葉です。「彼のことばかり頭に浮かんで、せつなくて仕方ない」「このせつない気持ち、わかってほしい」というように使います。**熱い想いを抱えつつ、やるせない気持ちも宿る恋愛感情の辛さが伝わってきますね。**

恋心だけではありません。一人になって寂しさに襲われた心を表わすのにも使えます。知り合いに不幸が起こったなど、悲しい出来事に遭遇した際の心の痛みを表現することもあります。

また、自分の気持ちを表わすだけでなく、寂しさ、悲しさの渦中にある友達に声をかける際にも使えます。相手がどんな思いでいるのかと思いやり、「せつないね」という言葉で寄り添えば、気遣いが伝わるでしょう。

さらに、「借金返済を迫られてせつない」など、経済的に追い詰められて苦しい、身動きが取れないといったときにも使うことができます。

52 将来の夢を語るときは「志す」

「将来の夢は？」と聞かれて、「弁護士になりたい」「デザイナーになりたい」という返答では、ただ夢見ているだけに映ります。同じ質問に対しても「弁護士を志しています」「デザイナーを志しています」と答えれば、それに向かって努力しているイメージが浮かび、好ましく聞こえます。

「志す」とは、目標や目的を定め、それに向かって進もうと心に決めること。将来、自分がどんなふうになりたいか、その姿を明確に思い描くことができれば、「○○を志す」という言い方ができます。

「弟はドラマに感化されて、消防士を志しています」

というように、自分以外の人についても使うことができます。

また、この「志す」を名詞化したのが「志」。目標に向かう気持ち、またその目標、目的を表わします。「志を同じくする友と手を携《たずさ》えて進む」と言えば、同じ目標を持つ仲間と前進する姿が浮かびます。「高い志を持って臨《のぞ》む」という表現もよく耳にしますが、この場合の「志」は信念、精神といった意味合いです。

53 力不足が情けない「不甲斐ない」

自分の力不足を認めて周囲からサポートを求めるなら、「不甲斐《ふがい》ない話ですが、自力で達成は不可能です」というように、「不甲斐ない」を前置きする方法があります。「ごめんなさい」と言うよりも、より真剣味が伝わるでしょう。

「不甲斐ない」とは、まったくもって頼りない、力が足りず情けない、だらしないといった意味合い。

「甲斐」は、「生きる甲斐がない」という言い方があるように、何かをする効果や価値などを表わします。また、「不甲斐ない」は「腑甲斐ない」とも書き、腑は腸や心をさし、心に効果がないこと、つまり心がしっかりしていないことから生まれたとする説もあります。

後輩や部下の結果が、期待していたようにいかなかったときにも使えます。こちらの不満を伝えたいなら、「ちょっと不甲斐ないな」「これは不甲斐ない結果だったね」などと言う手があります。ダメだと非難するような言い方よりも、本人に反省をうながすことができるでしょう。

54 どうしてもお願いしたいときの「切に」

こちらの望みを何とかかなえてほしいと相手にお願いするとき、どんな言い方をすれば効果が上がるでしょうか。

「よろしくお願いいたします」ではあまりにポピュラーな言い回しです。メールや会話の中で、日頃からよく使っていることでしょう。互いに見慣れて、聞き慣れているので、これだけでは相手の注意を喚起することは難しいでしょう。

対面している相手に強い思いを伝えようと、「どうか、どうか、お願いいたします」と言って深々と頭を下げることもできます。たしかに差し迫った状況は伝わりますが、「同情を買おうとしている」「あざとい」と相手に悪く取られてしまうかもしれません。

真剣に依頼したいときは「切《せつ》に」を使うと便利。「切にお願いいたします」と言って頭を下げれば、こちらが強い気持ちでいることが伝わるでしょう。

「切」は切迫した強い思い、痛切という意味。「切に」と言えば一途に深く願う気持ちを表わせます。いつもとは違う、強い願いであることが伝わります。

55 厚意を辞退するときに「心苦しいのですが」

上司や世話になった恩人などから酒席への誘いを受ける――。誰もが経験することですが、どう断るかは難しいもの。

まさか「ムリです」とは言えませんし、断るつもりで「私はダイジョウブです」と答えては、OKと誤解されるかもしれません。

相手の厚意は「断る」のではなく、「辞退する」と考えるのがポイント。そうとらえると、「心苦しいのですが」というフレーズも自然と口に出てくるでしょう。「大変心苦しいのですが、その日はあいにく予定が入っておりまして」「本当に心苦しいのですが……」と、申し訳なさそうに言うといいでしょう。

「心苦しい」は申し訳ない気持ちを強く表わす表現として、ビジネスシーンで頻繁に登場します。「こんなお願いをするのは心苦しいのですが」「このような結果になって心苦しく思っております」という具合です。

もちろん「心苦しい」は、話し言葉だけでなくメールなどの書き言葉でも用いられます。丁寧に詫びたいときに使える言葉です。

56 一番はじめを強調する「いの一番」

「先輩に呼ばれたら、いの一番で駆けつけますよ」というように、**ほかのことをさしおいてでも、真っ先に行動することを強調するのが「いの一番」**です。

具体的な行動をともなっていなくても使えます。「あなたのことをいの一番に思い浮かべました」「○○さんこそ適任者だと、いの一番に考えたんですよ」などと、考えや思いを伝えるときにも使われます。

一説には、かつて順番を数えるときは「いろはにほへと」としていたため、「い」が一番を意味するようになったともいわれます。

また、日本の建築用語が語源だという説もあります。基礎工事が終わり、最初の柱を立てる際、横方向は「いろはにほへと」、縦方向は「1、2、3、4、5、6、7」と割り振りをし、その中で真っ先に立てる柱を「いの1番」と呼んだことから生まれたというわけです。

「いろは」を使っていた時代をしのばせる言葉です。

57 立派な成果をほめるときに「あっぱれ」

誰かが見事な働きを見せたとき、「スゴイ、スゴイ!」では聞き慣れた言葉だけに目新しさがなく、相手には響かないかもしれません。「すばらしい!」「お見事!」もいいですが、めったにない成果を称賛するなら、「あっぱれ」を使ってみる手があります。

耳にする機会が少ないぶん、印象的です。

「あっぱれ」は、すばらしい、見事とほめたたえる気持ちを表現して発する言葉。「でかした」というニュアンスもあり、後輩や部下を心からほめて、功績を認めていると伝えたいときにも、ぴったりとはまります。

意外でしょうが、語源は「哀れ」。

「あはれ」を強調して言った音から生まれました。

現在では「哀れ」と言えば「かわいそう」と連想しますが、もともと「あはれ」は「ああ!」という感動の声に由来する感動詞。そこから驚きを誘う状況や心情にも使われるようになりました。

58 ブチ切れた様子を表わす「いきりたつ」

昨今、モンスターと呼ばれるほど理不尽なクレーマーが増えています。些細《ささい》なことがきっかけで爆発したり、理由らしい理由もなく言いがかりをつけてきたり……。「店長、お客さんがブチ切れてます！」

自分自身も半ばパニックになると、責任者にこんな伝え方をしかねません。仮にもお客様ですから、ほかの表現をしたいところ。

そこで便利なのが「いきりたつ」という言葉。「相当にいきりたったお客様がいらしています」「お客様がかなりいきりたった状態になられていて……」などと描写するなら問題ないでしょう。

「いきりたつ」とは、そもそも油が煮えたぎったり、湯が沸騰《ふっとう》したりする様子を表わす言葉でした。漢字では「熱り立つ」と書きます。ぐらぐらと煮え立っているところが連想できるのではないでしょうか。

現在では、怒りで興奮するという意味合いで用いられることが多くなっています。その際、沸《わ》き立つのは油でも湯でもなく、人間の体を流れる血というわけです。

3章

情景がありありと浮かぶことば28

59 おいしさの知的な表現「舌鼓を打つ」

差し入れやお土産、季節の挨拶《あいさつ》など、お菓子や果物を人からもらう機会があります。お礼のメールや礼状を出そうと思い、感謝の気持ちを表わそうとしても、「とてもおいしかったです」「本当においしかったです」以外に、なかなかうれしい気持ちを表わすのは難しいもの。

そういうとき便利なのが、「舌鼓《したつづみ》を打つ」という表現。

たとえば、家庭や職場でいただいたものなら、「皆で舌鼓を打ちました」と言うことができます。

これは**舌を鼓のように鳴らすほどおいしいというたとえ**です。皆が「これおいしいね」と口々に言いながら楽しんだ様子が思い浮かび、ありがたくいただいたという気持ちが伝わります。

少し古風で、「おいしかった」よりも品のある言い方です。

読み方には注意が必要です。正しくは「舌づつみ」ではなく「舌つづみ」です。和楽器の鼓のようだから「舌つづみ」と覚えておくといいですね。

60 気が合うのは「馬が合う」

「あの人とは気が合う」「あの先輩とは相性がいい」といった言い方は、日常的に使っていることでしょう。

では、「馬が合う」はどうでしょうか。とくに、性格や趣味などタイプがまるで異なるのに不思議と合う相手なら、この表現がしっくりきます。

気持ちがしっくり合い、話せば意気投合するのが「馬が合う」。

なぜ、牛でも羊でもなく「馬」が用いられているのかというと、馬に乗るとき、馬と乗り手の組み合わせが大事だからではないかと考えられています。

馬は、気に入らない人が背中にまたがると暴れたり、いきなり走り出したりして嫌がります。気が合う人でないと、手綱《たずな》でコントロールして走らせることもかないません。気持ちが通じ合ってこそ、人馬《じんば》一体となって走ることができるのです。

「○○さんは苦手だったけど、話してみたら馬が合うのでお互いに驚いた」

「あのペアはどうも馬が合わないようだから、次回は組み合わせを変えよう」

案外、使う機会が多い表現といえるでしょう。

61 〝ドヤ顔〟を品よく言うなら「したり顔」

10年ほど前に新語・流行語として注目され、今や全国的に使われるようになった〝ドヤ顔〟という言葉。関西弁で「どや?」と言わんばかりの自慢げな顔つきのことで、「うまくいったでしょう」「すごいだろう」と功を誇りたい気持ちの表われです。

とはいえ、職場で同僚から「部長はどんな様子だった?」と聞かれ「ドヤ顔だったよ」と答えるのは考えもの。友達同士ならともかく、職場という環境ではほめられた使い方ではありません。「失礼だぞ」とたしなめられることにも。

言いかえるなら「したり顔」です。こちらも同様に、**うまくやったと誇らしげにアピールする得意な顔のこと。**「したり」は動詞の「する」に完了の「たり」がついた形で、何かをした、すませたという意味です。

かつては、期待通りに成功したときだけでなく、失敗したとき、驚いたときにも「したり」が使われました。今でも「しまった」という意味で「これはしたり」と言うことがあります。「したり顔」の「したり」については、期待通りに成功したときの「してやったり!」と同じと考えるとわかりやすいでしょう。

62 言葉が出ないほどの驚きは「息を呑む」

どれほど驚いたかを伝える言い回しに「息を呑《の》む」があります。ひどく驚くと、思わず息を止めてしまうことに由来します。

たとえば、高層ビルの展望フロアに上り、その景色の美しさに驚き、感動したとき。「はっと息を呑み、しばらく言葉も出なかった」と言えば、どれほどその景色に心を揺さぶられたかが伝わります。

寺院やお城などスケールが大きく立派な建築物を目の前にしたとき、あるいは家族や親しい人の美しいウェディングドレス姿を見たときなどにも、息を呑むことがあるでしょう。

また、いい意味で驚いたときばかりでなく、恐怖を感じたときにも使うことができます。暗い夜道で急に人が飛び出してきたときなど、「恐怖のあまり思わず息を呑んだ」と表現できます。

ときどき「息を飲みこんだ」と間違える人がいます。表記としては液体のように「飲む」ではなく、比喩《ひゆ》的に用いられることの多い「呑む」と書くのが一般的です。

63 驚いてあきれる「開いた口がふさがらない」

世の中には往生際《おうじょうぎわ》が悪い人がいるもの。ミスをしたり、トラブルの原因をつくったりしても、非を認めず、言い訳を並べ立てるような人です。

「あまりの言い草《ぐさ》に開いた口がふさがらなかった」

「この期《ご》に及んでシラを切るとは、開いた口がふさがらないね」

このように使われる「開いた口がふさがらない」。あまりのひどいありさまに驚いて、ぽかんと口が開いたままになることをいいます。**あきれ返って、ものが言えない様子**です。

気をつけたいのは、悪い意味の驚きに限定されること。よい意味で驚き、感動で言葉が出ないときには使えません。たとえば「晴れ姿を見て開いた口がふさがらなかった」と言えば、その美しさをほめるつもりでも、みっともない姿と聞こえます。

つまり、「開いた口がふさがらない」という言い回しには、相手への非難や軽蔑《けいべつ》がこめられているのです。「あきれてものが言えない」と同じだと考えるとわかりやすいでしょう。

64 感心させられる相手には「頭が下がる」

「この人、スゴイ！　自分にはこんなこと、とてもできない」と相手に敬意を抱いたときにぴったりなのが、「頭が下がる」という言い回しです。

たとえば、同僚が毎朝早く出社して人知れず職場をきれいに片づけているとわかったとき、資格試験のために昼休みも勉強している姿を見たときなど。「頭が下がるよ」「頭が下がります」と言うだけで、敬服の気持ちが伝わるでしょう。

心に深く感じ、感服するのが「頭が下がる」。仕事や勉強に限らず、毎日走ったり、お弁当を作ったりしてコンディションを整えているとか、毎週末、高齢の祖父母の世話をしに行っているといった話を聞いたときも、「尊敬！」と思ったら、「頭が下がる」が使えます。

ちなみに、頭が下がったままの状態である「頭が上がらない」は、弱みや引け目があり対等な関係に立てないことをいいます。不遇の時代や病気療養中に配偶者が支え続けてくれたというケースのほか、家をひとりで切り盛りしてくれているといった理由で「頭が上がらない」という人も多いはずです。

65 休む暇もない忙しさは「てんてこ舞い」

こなす仕事の量が多すぎ、休む暇《いとま》もないほど忙しい状態を誰かに伝えるなら、どんな言葉がいいでしょう。「超忙しい」「メチャ忙しい」は世間話ならいいでしょうが、ビジネスの場ではそうはいきません。

「てんてこ舞いしています」はいかがでしょうか。**「てんてこ舞い」とは、あわてふためき、騒いだりして、落ち着くことができない状態**を表わしています。「このままでは間に合わない！」と危機感を持っている状態なので、「年末でてんてこ舞いしている」「予定通りに進まず、てんてこ舞いだ」といった使い方がぴったりです。

「てんてこ舞い」の「てんてこ」とは、祭りばやしで使われる太鼓の音で、その太鼓の音に合わせて人が舞い踊る姿に由来しています。いつしか踊り回る様子が忙しさの様子と重なって使うようになりました。

新商品が売れに売れて対応できず、てんてこ舞いするならうれしい限りですが、悪い状況にも使われます。「問題が発生してその処理にてんてこ舞いだ」「事業の存続をかけて、てんてこ舞いしている」といった使い方もありえます。

66 誰にでも起こりえる出来心は「魔が差す」

真面目《まじめ》な人が会社の経費を流用していたとか、生活費をはたいてギャンブルに投じていたなどと聞けば、「まさか、あの人が」と驚きます。

そんなとき、当人がよく口にするのが「つい、魔が差して」という言い訳。心にスッと悪魔が入りこんだように、悪い考えにとらわれたというのです。**自分は本来、そんな人間ではないが、一瞬だけ判断を誤って間違いを犯した**というわけです。

「時間に追われ、つい魔が差してコピペ記事を作成してしまった」

「キャバクラに行ったのは、悪友に誘われて魔が差したから」

そんな使い方も考えられます。

もうひとつ「出来心」も、よく言い訳に使われる言葉。前から計画して行なったことではなく、瞬間的に悪い考えが浮かんでしまったという意味で、「ほんの出来心で」「ちょっとした出来心で」などと使います。

ただ、いずれにしても「だから許してほしい」と言ってすむかどうかは、問題の深刻さによるでしょう。

67 調子に乗っての失敗は「勇み足」

つき合い始めた相手といい雰囲気に。そこで旅行に誘ったら、「まだそんな関係じゃない」とドン引きされた……。「やりすぎ?」「早すぎ?」と自問自答する状況を友達に説明するなら「勇み足だった」という言い方が使えます。

また、親しい先輩の栄転の話を聞きつけ、さっそく歓送会と贈り物の手配をしていたら、実は根も葉もないうわさだった。

そんなときも「勇み足」といえるでしょう。

もともと「勇み足」とは相撲《すもう》の勝負判定のひとつ。相手を土俵《どひょう》際まで追い詰めておきながら、勢いあまって自分が土俵の外に先に足を出してしまうことをいいます。そこから転じて、**調子に乗って自滅したり、勢いあまって仕損じたりすること**をさして用いられるようになりました。

恋愛でも仕事でも、ときには勢いが必要ですが、状況を読まずに突き進むと〝大事な一番で勇み足〟となるので、見極めが必要です。

68 未練が残るときの「後ろ髪を引かれる」

転勤や海外赴任《ふにん》が決まり、恋人との別れを決断することに……。恋愛より仕事を選んだとしても、その旅立ちは未練たっぷりのものとなるでしょう。

そんなときにぴったりなのが「後ろ髪を引かれる」という言い回し。「後ろ髪を引かれる思いで飛行機に乗った」「後ろ髪を引かれながらも、小さい頃からの夢をかなえることにした」というように使うことができます。

「後ろ髪」とは、文字通り人の後頭部に生えている髪の毛のこと。後ろから髪を引っ張られたら前には進めません。**それほど心残りがして、思い切れないということ**です。

後ろ髪を引かれるのは、どこかへ行こうとしている人ですから、これを使えるのはその場を去る側。去られる側は、未練があっても使えません。

また、「家族を思うと後ろ髪を引かれたが、夫婦で話し合い、覚悟を決めた」「まだやり残したことがあり、後ろ髪を引かれる思いだった」などと、恋人との別れ以外でも使うことができます。

69 関係が冷めると「隙間風が吹く」

友達と「恋バナ」に花を咲かせるのは、よくあることでしょう。「カレとどんな調子？」「いまもラブラブなの？」などと、恋人との関係を問われたとき、どんな答えを思い浮かべるでしょうか。

うまくいっているなら、答えに窮《きゅう》することはありませんが、問題はちょっと冷めぎみのときでしょうか。「何かうまくいってない」「最近冷たいんだよね」と、ストレートにこぼしてしまうと、「何があったのだろう」「浮気？」とさまざまな憶測を呼び、妙なうわさが広まる可能性があります。

そんなときは「隙間《すきま》風が吹く」という言い回しが便利です。隙間風とは、窓や戸などの隙間から入りこむ風のこと。そこから転じて、**夫婦や恋人同士など人間関係にへだたりができることを表わす**ようになりました。これまでベッタリだった関係に少し距離ができたことが伝わります。

「さすがに最近は隙間風が吹いているけど、何とかやってるよ」と言えば、大半のカップルはそうだろうという話に。つまらない詮索をされずにやり過ごすのが一番です。

70 なかったことにしたいなら「水に流す」

もともと仲がよかった相手ほど、何かの拍子に信頼関係にひびが入り、関係がこじれると修復が難しいものです。

「今度こそ和解しよう」と心に秘めていても、いざ顔を合わせると、照れくささもあってヘンな言い方をしてしまい、さらにこじれることに……。

早い話、「チャラにしたい」という気持ちをうまく言葉に乗せるには、どうしたらいいでしょうか。

そんなシチュエーションでは、「これまでのことは水に流すことにしない？」「水に流して、ここで仕切り直しだ」などと提案するのはどうでしょうか。

「水に流す」とは、**過ぎたことを皆なかったことにするとか、とやかく言わず、とがめもしないことにするといった意味。**

過去はやり直せませんから、「あのときああ言った」「こんなひどいことをした」などと蒸し返しても建設的ではないでしょう。「水に流そう」と持ちかけて、新たなよい関係を築きたいものです。

71 はっきり中止にする「白紙に戻す」

取引先や顧客との交渉事で「これ以上話をしても進展しない」と判断したとき、どういう言い回しで断ればいいでしょうか。

スマートな言葉遣いとして覚えておきたいのが、「白紙に戻す」。「いったん白紙に戻しましょう」と言えば、「それはムリ。この話はなかったことにします」という気持ちをはっきり伝えられます。

「白紙」とは、文字通り何も書いていない紙のこと。たとえやり取りを重ねて計画が進んでいたとしても、何もない元の状態に戻すことになります。

もうひとつ似た表現に「ご破算《はさん》にする」があります。「ご破算」とは、そろばんでそれまでの計算を破棄して新たに計算できる状態に戻すこと。「ご破算で願いましては」のフレーズでおなじみですね。そこから転じて、それまで進めていたことを捨て去り、白紙に戻すという意味合いが生まれました。

「もう限界です。この話はご破算にしましょう」「残念だけど、あの案件はご破算になった」などと使うことができます。

72 恩義を感じる相手には「足を向けて寝られない」

「今の自分があるのは、この人のおかげ」と、恩義を感じる相手に使うのが、「足を向けて寝られない」という言い回し。右も左もわからない新人の頃から育ててくれた上司、出来が悪いのに根気強く教え導いてくれた恩師などに使うケースが考えられるでしょう。

「先生にはとても足を向けて寝られません」「あの人には足を向けて寝られないほど世話になった」というように使われます。

もちろん、これは同じ部屋で寝るときの話ではありません。人に足を向けるのは軽く扱うことにつながるため、どれだけ離れていようとその人のいる方向には足を向けられない、寝ている間でさえ足を向けられない、それほど感謝しているということです。

そのように考えれば、**恐れ多いという気持ちと深い尊敬を抱く相手にこそ使う表現**だと改めて実感できるでしょう。

73 こんな程度と甘く見るのは「たかをくくる」

「同僚を甘く見ていたら、顧客を奪われた」

「簡単に片づくと思って頼み事を引き受けたら、大変な目にあった」

仕事もプライベートも予想通りにいかないことは多々あるでしょう。こういう状況での「こんなはずじゃなかった」「大丈夫だと思った」という気持ちは「たかをくくっていた」と言い表わすことができます。

漢字で書けば「高を括る」。「高」は物事の程度や予測した数量、ここでの「括る」は軽く見る、見くびることです。**このくらいのものだろうと安易に予想するとか、侮《あなど》るといった意味**です。

「高」は石高や生産高など数量や額を示すため、米の収穫高を甘く見積もることから派生した言い回しだといわれます。「今年もこれくらい収穫できるだろう」と予測しても、雨不足や冷夏、台風などで収穫量はぐんと落ちることがあるからです。

たかをくくっていると、あとで対応に追われたり、挽回するために余計に時間と労力を要したりするので気をつけたいものですね。

74 うらやましいと思ったら「あやかる」

「私もあやかりたい」と聞いたら、どんなシチュエーションを連想するでしょう。幸せいっぱいの新婚夫婦を目の当たりにして「おふたりの幸せに私もあやかりたい」という使い方あたりがポピュラーかもしれません。

漢字では「肖る」と書きますが、「肖」は肖像画の肖の字で、似せるという意味があります。感化されることをいい、一般的には悪くなるのではなく、よい方向へ向かう場合に用います。**人や周囲の影響を受け、同じようになりたいときに使われます。**

たとえば、懸賞やくじ引きで大当たりした人には、「ああ、あやかりたい」と言って周囲から人が寄ってくるでしょう。「あやかりたいから」と、当てるための秘訣を聞かれるかもしれません。機会があるなら、その恩恵にあずかりたいという気持ちがのぞく言い回しです。

ビジネスでも、他社の成功を「うらやましい」と思ったら「あやかりたい」と表現できます。取引先の担当者から成功談を聞かされたら、「ぜひ私どももあやかりたいものです」と使えます。

75 ヤバい状態から抜け出す「足を洗う」

「この会社、ヤバいことをしてそうだから足を洗いたい」

「休みも取れない因果《いんが》な商売から足を洗うことにした」

このように使われる「足を洗う」。何も知らずに入った会社が怪しい取引をしていると知った場合、コンプライアンスを無視しているといった場合に、ぴったりです。

もともとは、好ましくない仕事をやめて堅気《かたぎ》になるという意味でした。しかし**最近では、仕事にかかわらず何かをやめるときに使われる**ようになっています。

由来には諸説あり、仏教の修行僧が行《ぎょう》を終えると足を洗い、俗世《ぞくせ》の煩悩《ぼんのう》を清めたからとする説があります。ほかにも、農村での田植えや刈り入れの際の風習がもとになったとか、遊郭《ゆうかく》で年季を勤め上げた遊女が、井戸で足を洗って外に出たからなどともいわれます。

「簡単に小遣い稼ぎができる」と誘われてついて行ったら、いつのまにか犯罪のお先棒《さきぼう》を担《かつ》がされていた……。今でもよくある話です。「ヤバい！」と思ったら、早々に足を洗うことです。

76 前置きぬきで核心に迫る「単刀直入」

複雑な事情、難しい問題があると、なかなかストレートに本題に入れないもの。相手の気持ちや背景に思いをめぐらせればめぐらせるほど、聞きにくい、言いにくいとためらってしまいます。

そんな気持ちのときに使いたいのが「単刀直入」という言葉。「単刀」とは、ただ一人で刀をふるうこと。もともとは、一人で刀を手に取り、敵陣に切りこんでいくことをいいました。

そこから転じて、**前置きをせず、すぐに本題に入ること、遠回しな言い方をしないで直接核心をつくことをさして使われるようになった**のです。

どうしても確認する必要があることは、思い切って「単刀直入にお聞きします」と言ってから質問するといいでしょう。

これなら唐突なもの言いにならずにすみます。

自分が言いにくいことを言う場合も、「単刀直入に申し上げると、この状況では極めて困難です」というように使うことができます。

77 忙しくてムリなときは「手がふさがっている」

こちらの都合などおかまいなしに呼び立てたり、急な誘いがきたり……。「今、忙しいからムリ！」と言いたいものの、角を立てずに断るには、どうすればいいでしょうか。

「あいにく手がふさがっていて……」

いかにも申し訳なさそうな声で、こう言うのはどうでしょうか。**やんわりと「できない」と伝えられます。**「手がふさがる」とは、何かをしている最中でほかのことはできない、その余裕がないという意味。

友達からの電話やチャットにも「ゴメン、今、手がふさがっているの」と使えます。

また、仕事において上司に雑用を頼まれたり、別の用事を振られたりした場合は、状況に応じて言葉をつけ足せばＯＫ。

「ただいま○○の件で手がふさがっているので、１時間後でもよろしいですか」

「△△の対応で手がふさがっている状態ですが、そちらを優先しますか」

そんなふうに上司の判断を仰ぐ形にすればいいでしょう。

78 〝そんなのあり？〟と思ったら「首をかしげる」

取引先の担当者が突然、驚くような提案や要望を言い出したとき、「そんなのあり？」「マジ？」とは言えません。

「首をかしげる」という言い回しを使って応対するといいでしょう。「ご事情はお察ししますが、そのようなご提案には首をかしげざるをえません」「それはどうなのでしょうか。首をかしげざるをえません」と言います。**疑問に思ったり、不信を抱いたりして納得できない気持ちを表現できます。**

これは、実際に首を傾ける動作からきています。不思議なこと、疑わしいことを前にすると、自然とそんなポーズを取ってしまいます。

傾けるのは首ではなく頭だと思うのか、「頭をかしげる」と言う人がいますが、表現としては誤りです。首は頭と胴体をつなぐ頸《けい》に限らず、頸部から上の頭部全体を意味する言葉でもあるのです。これがわかれば「首をかしげる」という言い方も覚えやすくなりますね。

79 “面白くない”をオブラートに包んで「味気ない」

忙しい毎日で、気がつくと仕事場と自宅の往復ばかり。

まるで「寝に帰る」ような状態になって、ふと、「なんだか味気ないなぁ」という思いがよぎります。本当は、もっと遊びに出かけたり、見たい配信動画を探したり、趣味に時間を使ったりしているはずだったのに……。

「味気ない」とは、面白くない、魅力がなくつまらないということ。

味が薄くておいしくないことが由来に思えますが、実は原形は「あづきなし」。手がかりがないという意味の「つき無し」を強めた表現です。つまり、もともと「味」が関係していたわけではありません。

音が「あづきなし」から「あじけない」へと転じていき、「味気ない」という当て字が使われるようになったのです。

恋人に心をこめたメッセージを送ったのに素っ気ない返事しか返ってこなかったときも、**「つまらないよ」とストレートに言うよりは、「味気ないいな」のほうが、やんわりと伝えられていい**かもしれません。

80 どうも合わない人には「反りが合わない」

世の中にはいろいろな考え方、感じ方をする人がいますから、ときには、ぶつかってしまう人とも出会うでしょう。だからといって、周囲に「あの人、ウザい！」「超ムカつく！」というような言い方をしていると、「本当はあなたに問題があるのでは」と思われかねません。

ここは「あの人とはどうも反《そ》りが合わなくて」と言葉を濁《にご》すくらいが、ちょうどいいかもしれません。

この「反り」とは、刀の峰《みね》の反っているところをさします。刀身《とうしん》の湾曲している部分です。峰の反り具合と鞘《さや》の反り具合が合わなければ、刀は鞘におさまりません。転じて、**人と人の相性の悪さを表現する**ようになりました。

性格が合わない、相性が悪いという意味の「反りが合わない」は、単なる知り合いだけでなく夫婦にも使えます。いったんは「この人」と決めて結婚した両者でも、「性格の不一致」で別れてしまうことはめずらしくありません。一緒に暮らしてみて反りが合わないと実感するのでしょうね。

81 たまりかねて〝キレる〟ことは「堪忍袋の緒が切れる」

約束に遅れてくる遅刻魔の恋人――。口では「気をつけます」と言いながら、性懲《しょうこ》りもなくミスを繰り返す不注意な部下――。これでは、いつか「もう我慢できない！」という日がやってきそうですね。

最近は安易に「キレる」という言葉を使いがちです。

もう少し品のある言い方をするなら、「今日はさすがに堪忍袋《かんにんぶくろ》の緒《お》が切れた」と言いかえることができます。

「堪忍」といえば、人の失敗を、怒りを堪《こら》えて許すこと。「堪忍袋」とは、そんなふうに怒りを我慢できる心の広さのたとえで、許すたびにふくらむ袋をイメージしてみるといいでしょう。

そして「緒」はひも。袋がふくらみすぎて、とめていたひもが切れてしまうのが「堪忍袋の緒が切れた」ということです。つまり、**もう我慢していられなくなり、それまで堪えていた怒りがふき出すこと**をいいます。

なお、「尾が切れる」と「尾」にしてしまうのは間違いです。

82 もうあきらめたと言うなら「さじを投げる」

友人の困った言動に、ことあるごとにアドバイスしてきたとしましょう。その場では当人も納得し、「もうしない」と約束するけれど、すぐに逆戻りしてしまう……。そんな繰り返しの末、「もう限界、あきらめた」との境地に至ったときに使えるのが「さじを投げる」という言い回し。**さんざん働きかけて、よい方向へ導くように努めたが、成功する見こみはないと見て断念すること**をいいます。

この「さじ」は、食事をとるスプーンではなく、薬の調合に使うさじ。もともとは、医者が「これ以上は治療の方法がない」と病人を見放す意味合いでした。手の施《ほどこ》しようがないとの見立てです。

たしかに、危なっかしい恋愛の相談など、どんなに親身になって話を聞いても、つまるところ「つける薬はない」のかもしれません。本人がその気にならなければ、問題解決や救済へ歩《ほ》を進めることもできませんね。

新しく入ったアルバイトや後輩の指導に努めてきたけれど、やる気も成長の兆《きざ》しも見えず、見限ったときなども「さじを投げた」と使えます。

83 期待が外れてガッカリなら「肩すかしを食う」

相手と約束していたものの、その約束が果たされず期待外れだったとき、なんと返せばいいでしょう。

「そうか、肩すかしを食ったな」

角が立たないようにするには、このくらいの反応にとどめておきましょう。「肩すかし」とは、相撲の決まり手のひとつです。相手が押してくるところをかわし、相手の肩をはたいて倒す技です。

そこから転じて、**意気ごんで向かって行ったはいいが、それが空回りして勢いを削《そ》がれること**を表わすようになりました。

「今年は見こみが高いと聞いていましたが、肩すかしを食らいました」

「A社が取引先を変えるという情報をつかんだのですが、とんだ肩すかしだったようです」

なかなか思うようにいかないのが昨今のご時世。「肩すかしを食う」ことは少なくないでしょう。

84 信頼を裏切られたときの「煮え湯を飲まされる」

弱肉強食のビジネスの世界、裏切りにあうこともしばしば。たとえば、入社以来、面倒を見てくれていた先輩に「よいアイデアを思いついた」と内容を話したら、先輩が発案者となって、のちに昇進していたと知ったとき。

「ホントに信用していたのに裏切られた。くそっ！」という気持ちを表現できるのが「煮え湯を飲まされる」です。**信頼していた人に見事に裏切られ、ひどい目にあうこと**を意味します。

熱湯を飲んだら大きな火傷《やけど》を負うことは誰にでも想像できます。そのことからも、心に相当なダメージを受けたことがわかるでしょう。深刻な状況が伝わります。

「ずっと○○さんについていきます」と常々言っていた部下や取引業者が、同期のライバルやライバル企業に乗りかえて立場を失ったようなときも、「まさか△△に煮え湯を飲まされるとは」と表現できます。

最近、信頼していた人からひどい目にあったという意味ではなく、競争相手に打ち負かされたことだと誤解する人が増えているので気をつけましょう。

85 ワーッと大勢で盛り上がる様子なら「歓喜のるつぼ」

規模の大きな案件のコンペに勝ったと知らせが届いたときや、応援しているスポーツのチームが優勝を決めたとき、同じ立場の人々が集まった場は「歓喜のるつぼ」となるでしょう。

「るつぼ」とは耐熱性の容器のこと。金属などの物質を加熱して溶かし、混ぜ合わせたり、高温処理をしたりする際に用いられます。極めて高温状態になることから、熱気に満ちあふれた様子の比喩に用いられるようになりました。

「会議場は歓喜のるつぼと化した」「祝勝会は大いに盛り上がり、まさに歓喜のるつぼであった」といった使い方ができます。**人々が熱狂的に喜び、興奮している様子が目に浮かびます。**

「歓喜のるつぼ」ではなく「興奮のるつぼ」という表現もできます。

ちなみに、「るつぼ」はいろいろなものが混ざり合っている状態をさして使われることもあります。分断が問題となっているアメリカのニューヨークは、決まり文句のように「人種のるつぼ」と形容されてきました。

86 身震いするほど怖い話は「おどろおどろしい」

背筋が凍《こお》るような怖い体験談を聞いて、「まるでホラー映画」「ホラーもどき」といった気持ちになったとき。恐ろしさを表わすなら「おどろおどろしい」という言葉を覚えておくと便利です。「おどろおどろしい話だね」「何とおどろおどろしいこと！」などと効果的に使えます。

意味合いとぴったりの語感を持つ「おどろおどろしい」は、実は「驚く」と同じルーツを持つ言葉。「おどろく」の「おどろ」を繰り返し重ねて形容詞として使うようになったといわれます。

したがって、「おどろおどろしい」が**耳目《じもく》を驚かすような様子、おおげさで騒々しいといった意味**で使われることもあります。そこに、不気味で恐ろしい、異様、怪奇といった意味が加わったのです。

「おどろおどろしい」という表現は、日本の昔ながらの怪談やお化け屋敷にもぴったり。ろくろ首や火の玉が出てくるシーンを思い浮かべると、ニュアンスをつかみやすいかもしれません。

イマドキのこんな
\ヤバい/ は、こう言いかえる！

やわらかいおいしいステーキを食べた瞬間に
「この肉、ヤバいよ！」

「頬《ほお》が落ちそうなくらいおいしい」

イケメンの後輩の話題をしているときに
「カレ、ヤバくない？」

**「彼って、
端整な顔立ちをしているね」**

想像していたより簡単にすんだとき
「ヤバいくらいうまくいったね」

「杞憂《きゆう》にすぎなかったね」

4章

大切に思う気持ちがしっかり伝わることば28

87 リスペクトしている相手には「一目置く」

「○○さんのこと、超リスペクトしてます」と、よかれと思って言っても、これではちょっと軽い印象です。本当に敬意を払っているのか怪しいものです。

「○○さんには一目置いています」

これならどうでしょう。きちんとした言葉遣いとして、しっかりと相手の耳に届くのではないでしょうか。

気をつけたいのが、「一目」を「ひとめ」と読まないこと。正しくは「いちもく」です。

囲碁《いご》の用語から生まれた表現だと覚えておくと、間違えずにすみます。

「一目」は、碁盤《ごばん》のひとつの目、またはひとつの碁石《ごいし》をさします。囲碁の世界では、弱い人が黒石を使い、戦いに有利な先手となります。

つまり、一目置く人は、白石を使う相手を自分よりも強い人だと認めていることになります。そこから転じて、**相手の能力を認めて敬意を払うことを意味する**ようになりました。よって、「一目置く」は目上の人には使わないのが一般的です。

88 とても見ていられないなら「見るに忍びない」

周囲の尊敬を集めていた人が苦難に見舞われ、驚くほど変貌《へんぼう》すれば、誰しも同情するもの。輝いていた頃とのギャップが大きければ大きいほど、こちらも辛《つら》くなるものです。「あんまりだ、見てられない」という気持ちをどう表わせばいいでしょうか。

「病に倒れ、やつれ果てた義父の姿は見るに忍びない」

「まさかの敗北に打ちのめされたキャプテンは、見るに忍びなかった」

このように、**あまりに気の毒で見ていられないこと**を「見るに忍びない」といいます。

この場合の「忍びない」は、耐えられない、我慢できないという意味。正視できない気持ちが伝わります。

「見る」ではなく「聞くに忍びない」といえば、気の毒に思う気持ちが強くて、じっと聞いていられないということを表わします。悲惨《ひさん》な事故、事件のニュースに触れ、「親御さんの気持ちを考えると、聞くに忍びない」「赤の他人とはいえ、聞くに忍びない」といった使い方をします。

89 一目ぼれを粋に言うと「見初める」

晴れて結婚が決まり、上司や親戚などにその報告をすれば、決まって「どんな人？」「出会いは？」などと聞かれるはず。

なれそめを語るときに使えるのが「見初《みそ》める」という言い回し。簡単にいえば、一目ぼれするという意味ですが、言葉に趣があって、上品な響きがあります。

「親戚の披露宴で見て、もう一目ぼれでした」と言えば、熱い気持ちが伝わるでしょう。気の置けない相手にはそれでいいですが、気を遣うべき目上の人が相手なら言いかえたいものです。「親戚の披露宴で見初めました」と伝えるほうが、好感度が高くなります。

誰かを一目見て恋心を抱いたことを意味する「見初める」。**文字通り、初めて見たときに好きになったこと**をさしています。

結婚相手だけでなく恋人とのなれそめや出会いでも使えます。「あるパーティーで見初めて、つき合い始めたんです」「君を見初めたという人がいて紹介したい」などと使うこともできます。

90 ラブラブを古風に言うなら「仲睦まじい」

若いカップルならぴったりでしょうが、仲のいい老夫婦に向かって「ラブラブでいいですね」とは言いづらいものです。言葉の持つイメージに違和感があるからでしょう。そんなときは、「仲睦《むつ》まじいご様子で、うらやましいです」がしっくりきます。

以前は仲睦まじい夫婦といえば「オシドリ夫婦」と形容しましたが、最近はめっきり聞かなくなりました。言葉は時代とともに変わるもの。「仲睦まじい」も、かつては夫婦や血縁者など打ち解けた関係のみに使っていました。**今では結婚していない恋人同士の仲のよさ、親密な関係にも用います。**

さらに、カップル限定でもありません。基本的には男女のこまやかな愛情関係を表わしますが、性別に関係なく、友達、仲間同士で「仲がよい」という意味合いでも「仲睦まじい」と形容することがあります。

「サークルのメンバーが集まり、仲睦まじくバーベキューを楽しんだ」

「この職場は、従業員たちが皆、仲睦まじい」

このように、さまざまな人間関係で使うことができる言葉です。

91 初対面での自己アピールは「お見知りおき」

「どうぞお見知りおきください」

「以降、お見知りおきくださいますよう、お願い申し上げます」

これは目上の人との初対面での挨拶で使う言い回し。ビジネスの場面なら、名刺を差し出して「○○です」「○○と申します」などと名乗ったあとに言い添える決まり文句です。

「見知る」とは、そのままずばり「見て知っている」こと。見覚えがあり、面識があるという意味です。

だから、「お見知りおきください」は、かみくだいて言うなら「私のことを心にとめておいてください」「顔と名前をしっかり覚えておいてください」というアピール。

相手に自分を覚えてもらい、関係を結びたい、深めたいとの気持ちがその言い方にこめられます。

「私のことを覚えてください」では直球すぎて失礼ですが、「お見知りおきください」と言いかえることで、初対面の挨拶にふさわしいお願い事になるのです。

92 目上に意見するときは前置きに「おこがましいですが」

目上の人とのコミュニケーションに悩む場面は多いもの。上司から「おこがましいにもほどがある」と言われたら、思い上がりもはなはだしいと責められていることになります。

この「おこがましい」とは、「身のほど知らずで思い上がっている」「差し出がましい」といった意味。漢字では「烏滸がましい」と書きます。

「烏」はカラスを、「滸」は水際を表わし、古くは川辺に集まりカラスのように騒ぐ人をさしました。

また**自分自身に使う場合は、へりくだり、相手を立てる姿勢を示すことができます。**「おこがましいですが」と前置きして発言すると、「私がこんなことを言ったら生意気だと思うでしょうが」「差し出がましいことをして気恥ずかしいのですが」といった気持ちを示せます。

上司のお供《とも》をして出向いた先で目立ってしまった場合など、あとで「おこがましい真似をして申し訳ありませんでした」と謝ることもできます。

93 敬意が伝わる相づちは「おっしゃるとおり」

同調圧力が高まっているせいなのか、人の話を聞きながら「なるほど、なるほど」を連発する人が増えています。

バリエーションに乏しい相づちは聞き下手に思われてしまいますし、目上の人に対しては敬意が感じられない印象です。また、「話をきちんと聞いていない」「軽い」などと悪い印象を与えかねません。

「なるほど」は、室町時代末期から江戸時代はじめ頃に俗語として使われ始めたといわれています。「可能な限り」という意味の「なるべきほど」の「べき」を略したもので、そもそもフォーマルな場にはふさわしくありません。

また、「可能な限り」という意味では、「なるべく」「なるたけ」が使われるケースが多いでしょう。

目上の人に同意を示すには、「おっしゃるとおり」で敬意が伝わります。「あなたの言うとおりだ」ということですね。相手が鋭いところをついてきたときは「ご指摘のとおりです」と応じるのもいいでしょう。

94 相手を大事に思う「いたわる」

高齢化社会の日本では、老後の暮らし方や介護などの話題が多くの人にとって他人事ではなくなっているでしょう。そういう時代だからこそ、使いたい言葉が「いたわる」です。意味は**相手のことを大事に思い、やさしく接すること。**漢字では「労わる」と書きます。

たとえば、友人の母親が祖父母の介護で苦労しているという話を聞いたとき。「お母さんは大変なはず。やさしくしてあげてね」と気遣う思いは、「お母さんをいたわってあげてね」と表現できます。

「そのうちお母さんまで倒れちゃうんじゃない」などという不用意な発言は、その友人を責めているようにも聞こえます。余計なことは言わずに「いたわってあげて」と、さらりと気遣いを示せたらいいですね。

「いたわる」は「なぐさめる」と共通する意味合いがあります。語源をたどると「痛い」に通じ、心身の苦痛について使われます。「疲れた体をいたわる」「傷ついた心をなぐさめる」といった使い分けが一般的です。

95 サイコーのうれしいは「このうえない喜び」

「このうえない」とは、文字通り、「これ以上はない」「これにまさるものはない」ということを表わす言葉。最も上、つまり「最上」という意味で、「このうえもない」ともいいます。

待ち望んでいた朗報を聞いたときは、「サイコーにうれしいです」より「このうえない喜びです」と言いかえると、朗報をもたらしてくれた相手への敬意と感謝の気持ちがより表わせます。

「最も上なら『最高』でいいのでは？」と思うかもしれませんが、「最高」はあまりにも使う頻度の高いふだん言葉。ちょっとしたことに「これサイコー！」「サイコーにいい」などと口にしがちです。

時と場合によって「サイコー」の軽い響きとは差をつけたいところ。そこで「このうえない」に置きかえることで、**「心から最上だと思っている」という本当の気持ちが伝わります。**

96 期待以上のうれしさに「望外の喜び」

日頃の頑張りが認められて、希望のポストに抜擢《ばってき》されたり、顧客から指名されたりしたとき、期待をかけてくれる人にどう気持ちを伝えればいいでしょう。

「すっごくうれしいです」では子どもっぽいし、「本当にうれしいです」では気持ちがこもっていない印象。いつもと違う表現で、思いの強さを伝えたいものです。

「ありがとうございます。望外《ぼうがい》の喜びです」

こう表現ができれば、相手に気持ちが伝わるでしょう。「望外」とは、望んでいた以上によいこと。**「望外の喜び」といえば、望んでいたよりうれしい結果になったこと**を表わします。選抜や指名に自分が選ばれるとは思っていなかったと謙遜《けんそん》する意味合いも加わり、好印象が与えられます。

思いのほかハッピーというときは「望外の幸せ」という言い方があります。たとえば、恩師から有名なレストランに誘われたとき、脈がないと思っていた相手と会えて夢のような体験ができたときなど、感謝とともに「望外の幸せです」と伝えるといいでしょう。

97 大変な思いをしている人に「お察しします」

家族を亡くしたばかりの人、闘病生活を送っている人など、大変な思いをしている目上の人がいる場合、どんな言葉をかけて気遣う心を伝えればいいでしょう。

控えたいのが「頑張ってください」。すでに頑張っている人には酷《こく》な言葉に聞こえる場合があります。

また、「わかります。私も祖母が亡くなったときはショックで……」「大変ですよね。私も小さい頃に入院したことがあって……」などと、自分の経験に重ねて語り始めるのも微妙です。辛い経験はその人にしかわからないもの。こういう場合の気遣いは難しいものです。

その点、「お察しします」は、**相手の心情を推し量《はか》り、思いやる気持ちが伝わります。**このようなシチュエーションでは多くの言葉を語る必要はありません。静かにこう伝えるだけで十分でしょう。

この「お察し」は察することですから、「察しがいい」と同じ。先回りして必要なものを準備してくれる部下には、「察しがいいね」と声をかけられます。

98 相手の怒りをしずめる「お怒りはごもっともです」

クレームを言っているうちに、ヒートアップしていく人は少なくありません。不満がふくらみ、怒りにいったん火がついてしまうと、収拾は容易ではないでしょう。

クレーム対応では、相手の言うことを否定せず、まずは受け止めることが大切だといわれます。

そこで便利なのが「お怒りはごもっともです」というフレーズ。こう伝えることで**相手の気持ちに自分の気持ちを添わせることになります。**

「お怒りはごもっともです。そのようなご事情でしたか」

「お怒りはごもっともです。私どもといたしましても最大限の努力をいたします」

などと使えます。

「この人は自分の怒りを理解している」「なぜ怒っているのか、わかってくれた」と感じれば、相手も一息つけるはず。そうすれば冷静な話し合いへと導くことも可能になります。

99 親切を受け入れる「お言葉に甘える」

届け物などで目上の人の家を訪ねた際、「せっかくだからご飯でも食べて行ったら」と、すすめられたとします。イマドキの若者なら「え、いいんスか？」「マジですか？」とでも言いそうですが、これでは相手の厚意を損ないかねません。

厚意を受ける決まり文句は「お言葉に甘える」です。

「よろしいんですか。ありがとうございます」「うれしい。ありがとうございます」などとお礼を言ってから、「それではお言葉に甘えさせていただきます」「お言葉に甘えて、そうさせていただきます」と伝えられるとスマート。**「甘える」と表現することで、相手の厚意と認識していることを伝えられる**のがポイントです。

これはご馳走《ちそう》のときに限らず、相手の親切な申し出を受け入れ、そのまま従うときに使えます。たとえば、このあと、自分に予定があることを知っている先輩が「あとはやっておくから、もう帰っていいよ」と言ってくれたときや、突然の雨に訪問先の人が「この傘を使って」と差し出してくれたとき。「それでは、ありがたくお言葉に甘えさせていただきます」と使うことができます。

100 相手の望みを汲み取るときに「たっての」

相手から切なお願いをされたとき、「そこまで言うなら聞いてやれないこともないけれど……」「仕方ない。ひとつ貸しだよ」などは、親しい間柄だけに通じるもの言いでしょう。

仕事関係や目上の人となれば、こうは答えられません。

強く望んでいるからこそ自分も応じるのだと、感じよく伝えるためには「たっての」という表現が便利です。

「たっての」は、何かを強く要求したり、どうあっても聞き入れてほしいと懇願したりする様子をさしています。

「○○さんのたっての望みとあれば、私としてもできる限りの努力をします」

「△△さんのたってのお願いでは、簡単にお断りするわけにはいきません。手伝いましょう」

そんなふうに相手の要望を汲《く》み取り、受け止めて、その人のためだったら尽力を惜しまないと伝えます。相手からの信頼がより厚くなること間違いなしです。

101 面倒をかけたときは「手を煩わす」

「お手を煩《わずら》わせて、申し訳ありませんでした」

「ここまでお手を煩わせてしまうとは、誠に申し訳ございません」

人に予想以上の時間と労力をかけさせてしまったときにぴったりの言葉です。依頼先が急ぎの問い合わせに迅速に対応してくれたり、上司が自分の出した企画書を手直ししてくれたりしたときにも使えます。

「手を煩わす」とは、他人に厄介《やっかい》をかけること。誰かの世話になったとか、手間暇《てまひま》をかけさせたというシチュエーションで用います。基本的に目上の人に対してへりくだり、「お手を煩わせて」というように使いますが、同僚や友人に「手を煩わせたね。ゴメン」という使い方もできます。

何かを依頼するとき、「お手を煩わせて恐縮ですが、お願いいたします」「お手を煩わせて申し訳ありませんが、よしなにお取りはからいください」などとすると、**面倒をかけることへの配慮**が伝わります。また、申し出を断るときにも「お手を煩わせるには及びません」と言えば、遠慮して辞退する気持ちを伝えられます。

102 うっかり忘れたときには「失念」

公私とも多忙な中では、何かしらやるべきことが抜け落ちてしまうこともあるでしょう。

家族から頼まれた日用品の買い物を忘れたときなら、「ごめん！　忘れてた」とSNSやメールで送ればいいでしょうが、仕事ではそうもいきません。

上司に「すみません、忘れてました」と報告したら、忘れていたことに加えて、言葉遣いがいただけない人物と、マイナス評価がさらに加わってしまいます。

ビジネスシーン、目上の人には「失念」を使います。うっかりして忘れることをさします。

「大変失礼いたしました。失念しておりました」

「失念しておりました。申し訳ありません」

忘れていたという落ち度はあっても、これなら大人の言葉遣いです。「ただちに取りかかります」「大至急お送りします」など、具体的なアクションも続けて示すようにすると、相手も安心できます。

103 勘弁してほしいことを伝える「ご容赦ください」

顧客や取引先から無茶な要求をされて「冗談じゃない。勘弁して」と思ったとき、どのように返答すればいいでしょうか。

覚えておくと便利なのが「ご容赦ください」というフレーズ。「容赦」には、大目に見るという意味合いがあります。「どうかお許しください」「大目に見てくださいといった気持ちが伝えられます。

たとえば、「ゴルフ場でウチのゴルフ大会を開いてほしい」とか「社長の娘が旅行に行くから手配をしてくれ」といった場合も、「どうかご容赦ください」とすれば、**自分が下手《したて》に出ながらも断る形となります。**「法外な要求」「地位の濫用《らんよう》」と言い立てては角が立ちますが、これならそれを避けられます。

「ご提案いただいた件につきましては、平《ひら》にご容赦ください」

「先日のお話につきましては、ご容赦いただきますようお願い申し上げます」

なぜ、こちらが許してもらわないといけないのか……。これを真面目に考えると腹が立ちそうですが、ものは言いようと割り切ったほうがいい場合もあります。

104 宴会の前置きに「ささやかではありますが」

誰かの祝いのために一席を設けたとき、幹事として飲み会を準備したとき、「お酒にも料理にもこだわりました」「お店選びを頑張りました」などと胸を張りたくなるもの。しかし、いかにも自分が骨を折ったとアピールすれば、株が下がってしまいそうです。

ここは謙遜して「ささやかではありますが」と言うのが賢いアプローチ。挨拶に使うと、きれいに響く決まり文句です。この場合の「ささやか」とは、形ばかりで内容は乏しく、粗末な様子を表わします。**「たいしたことはできませんが」という気持ちをこめられる**わけです。

あくまで謙遜する表現なので、実際の食事が豪華であっても問題ありません。へりくだることで主賓《しゅひん》や招待客を持ち上げる表現なのです。

イベントで「ささやかではありますが、会場にお料理を用意させていただきました」という言い方もよく耳にしますが、行ってみたら豪華な料理が並んでいることはしばしばあります。

105 時間切れと言わず「お名残り惜しいですが」

商談が弾んでいるものの、次の予定のために席を立たなければいけないとき、盛り上がっている宴会を幹事としてお開きにしないといけないとき、どんな言い回しをすればいいでしょうか。

「すいませんが、もう時間なので」と言うのは、あまりにも無粋《ぶすい》でしょう。せっかくの楽しいムードに水を差すことになります。

そういう状況では、「お名残《なご》り惜しいですが」と切り出すのが得策。

「名残惜しい」とは別れを惜しむことで、**その人と別れがたいと心残りに思う気持ちが伝わります。**

少し古風な響きが、より丁重な印象になります。この前置きをしてから、「そろそろお時間が……」と続ければいいですね。

「名残」とは、何かが過ぎ去ったあとに残る気配や余韻《よいん》。もともとは波が引いたあとに残された水や海藻を表わした言葉です。波の残りが「なごり」、そこから「名残」と転じたといわれています。

106 やわらかく了解を得る「お含みおきください」

自分の事情を話したあとに「そこのところ、よろしく頼みます」「そのあたりのこと、わかっていてくださいね」などと念を押し、了解を得たいときは、「お含みおきください」という言い回しがあります。

「含む」とは心に留めること。つまり、**「お含みおきください」は「心に留めておいてください」とやわらかくお願いするフレーズ**なのです。天候や道路の混雑状況によって開始時間が遅れる可能性があるとか、参加人数によっては会場が変わるかもしれないといった場合に使うとスマートでしょう。

「そういうときは『ご承知おきください』を使うのではないか」と思うかもしれませんが、一方的に言い渡すニュアンスが残り、どうしても露骨な印象があります。ですから目上の人には避けたほうがいいでしょう。

ちなみに、「含むところがある」という表現は、心の内に不満や怒り、恨《うら》みなどを密かに抱くことを表わします。相手の不満を感じたときは「どうやら含むところがあるようだ」「何か含むところがあるような言い方だ」と使うことができます。

107 〝暇なときに〟は失礼なので「お手すきのときに」

これは若い人に見られがちなケースです。たとえば作成した企画書や資料を上司に提出する際、「完成したので、暇なときにでもチェックをお願いします」と、堂々と言う人がいます。こちらは悪気はなくとも、相手は「暇なんかあるか」と不愉快に感じるものです。

「暇なとき」とは「時間に余裕があるとき」でしょうから、「お時間のあるときに」と言うといいでしょう。また、「お手すきのときに」が使いこなせれば、礼儀を知っていると好印象を与えられます。

「お手すき」とは、手が空いていて余裕があることをさします。地位や年齢が自分より高い相手なら「企画書ができましたので、お手すきのときにお目通しいただけますか」と頼むといいでしょう。

また、報告や相談をしたいときの声かけにも使えます。「今、お手すきでしょうか」と確認してから話すか、「ご報告がありますので、お手すきのときにお声をかけてもらえますか」というように使います。

108 改まった印象でお願いする「伏して」

「どうぞよろしくお願い申し上げます」というのは、日常的に使われるフレーズ。地位の高い人に向かって、より強くお願いする気持ちを伝えたいときは「伏してお願い申し上げます」と言いかえてみるといいでしょう。

「伏して」は「ひれ伏して」ということ。**いかに切実に願っているか、懇願している様子が伝わります。**自分を下に置いて、相手を持ち上げることにもなるので、親分肌の人には効果的といえるでしょう。

ただ、土下座して頼みこむような、少し大げさなニュアンスが含まれていることに注意が必要です。軽い調子で口にすると、慇懃無《いんぎんぶ》礼《れい》に映るおそれもあります。話し言葉より手紙やメールの文面に向いています。「ご支援いただけますよう、伏してお願い申し上げます」「ご理解を賜《たまわ》りたく、伏してお願い申し上げます」といった例文が挙げられます。

また、懇願する状況だけでなく、お詫びの場面でも使われます。「伏してお詫び申し上げます」と言えば、文字通りひれ伏して謝罪する様子を伝えることができます。

109 贈り物に一筆添える「ご笑納ください」

ビジネスの取引先や世話になった人に贈り物をするとき、短くても一筆添えると気持ちが伝わります。

そんなときに、よく使われる言葉が「ご笑納《しょうのう》ください」。むろん、お中元やお歳暮など季節の挨拶にも使えます。

昔は「つまらないものですが、どうぞお納《おさ》めください」という言い回しが定番でしたが、最近は「謙遜しすぎ」「つまらないものなら贈らないほうがいい」という声が多くなりました。それにつれて「ご笑納」をよく目にするようになりました。

ただし、相手によっては控えたほうがいい言葉でもあります。「ご笑納」とは読んで字のごとく、**「笑って受け取ってください」という意味。**これは互いにわかり合っている、いわば近い間柄を前提にしています。

ですから、気を遣うべき目上の人、地位の高い人、まだ距離のある相手には使わないほうがいいかもしれません。こういうときは、単に「お納めください」が妥当でしょう。

110 教えてほしいと丁寧に頼むときに「ご教示」

上司にメールなどで簡単な質問をするときに活用したいのが「ご教示」という表現。「教えてください」と話し言葉をそのまま文字にしては、丁寧さに欠けます。

相手が親しい上司であっても、「今後の日程につきまして、ご教示ください」「契約書のフォーマットについてご教示ください」といった配慮がほしいもの。簡潔に用件を伝えつつ、わきまえた印象になります。

「教示」とは、文字通り教え示すこと。奥深い学問や見識、難解な技術などではなく、比較的単純な事柄、具体的な方法について使われます。

なお上司ではなく、取引先や気を遣うべき目上の人への文面であれば、より丁寧な言い回しにして敬意を示します。

「○○○につきましてご教示いただけると幸いです」

「○○○につきましてご教示賜りたく存じます」

こういった使い方ができると、きちんとした人物と映ります。「先日は、○○をご教示いただき、誠にありがとうございました」とお礼を言うときにも使えます。

111 目上に書類を見てもらうなら「お目通し」

来週の会議の資料を見ておいてください――。

ビジネスシーンで、よく見かけるフレーズですが、もしも自分が資料を作成し、上司にそのチェックを依頼しているときのフレーズなら、失礼なもの言いに当たります。

「見ておく」とは、上司が部下に指示する言い方だからです。

資料に目を通すのが上司の役目であれば、「お目通し願います」という言い回しが便利です。

「目通し」とは、そのままずばり目を通すこと。最初から最後までひと通り見るという意味なので、このようなシチュエーションにぴったりです。

企画書などを上司に見てもらう際、内容や書き方などの指導を受けたいのであれば、「お目通しいただけますか」と問いかけてお願いするのがポイント。

さらに、社外の人への依頼なら、「お目通しいただけると幸いです」「お目通しいただけるようお願い申し上げます」といった、より丁寧な形に。**相手に時間と労力をかけさせることを自覚して、敬意を表わす**ことができます。

112 体に気をつけてと言うとき「ご自愛ください」

恩師など目上の人に手紙を書いたとき、学生時代の友人に久しぶりにメールを送ったときなど、結びの言葉に迷った経験はないでしょうか。

定番フレーズとして覚えておくと便利なのが「ご自愛ください」。簡潔でありながら上品な響きがあります。目上の人にも友達にも誰に対しても広く使うことができます。

「自愛」とは、自分を大切にする、体に気をつけるということ。

つまり、「ご自愛ください」と言えば、「ご自身の体を大切にしてください」と気遣いが伝わります。仕事や日々の生活で無理をせず、大事に過ごしてほしいというニュアンスもあります。

気をつけたいのが、「お身体、ご自愛ください」という表現。すでに「自愛」に体の意味を含んでいるので重複していることになります。

また、体を壊した人にも使いません。風邪《かぜ》なら「ゆっくり休んでください」「一日も早い回復を祈っています」などとします。

113 〝すみません〟ばかりでなく「恐れ入ります」

人に話しかけるとき、ついつい「すみません」と言っていないでしょうか。

もちろん間違いではありませんが、状況に応じて自分の気持ちをさりげなく上手に伝えるには、「恐れ入ります」を使うと効果的です。「すみません」は、広く頻繁に使われているせいか、相手からすれば「ああ、言っているな」くらいにしか思われないでしょう。

それに対して、「恐れ入ります」は、**相手の手を煩わせたり、自分のために時間を取らせたりすることを申し訳なく思う気持ちが伝わります。**

取引先や年配の上司に折り入って相談があるとき、きちんと丁重にお願いする姿勢が伝わりますね。

相手に何かしてもらったお礼を言う場面でも、「すみません」ではなく「恐れ入ります」と言うと、フォーマルに感謝を伝えられます。相手の好意を謙虚に受け止めている印象になります。いずれの場合も「恐れ入ります」は「恐縮です」と言いかえることもできます。

114 視界が開けたときに「目を開く」

うか。
「目を開く」と聞くと、眠りから覚めてまぶたを開けるところをイメージするでしょうか。

このフレーズには、単に目を開けたり、大きく見開いたりすることに加え、もうひとつの意味があります。それは新たに何か知識を獲得したり、真理を教えられたりしたシチュエーションでの使い方。新たな境地に至ることを「目を開く」と言い表わすのです。

「イタリア人の人生観に触れ、目を開かれる思いがした」
「古典を学んだ経験は、彼女の目を開かせた」

それまで知らなかったことを知り、真実に触れ、視野がスッと開けた感覚といってもいいでしょう。

ちなみに「目が覚める」にも、眠りから覚めること以外に迷いが消えて目覚める意味があります。「恩師に説得され、目が覚めた」と言えば、何かよくないことに染まっていたが、それを自覚して改めたという意味になります。

イマドキのこんな
\スゴい/は、こう言いかえる!

きれいに盛りつけられた手料理を前にして
「ええ、スゴーい!」

「箸をつけるのがもったいないよ」

難しい仕事を見事にこなした同僚Aに声をかける
「スゴすぎだよ!」

「さすがAだけのことはある」

カラオケで歌唱力のある人に
「スゴいですね」

「歌は玄人《くろうと》はだしですね」

5章

由来を知ったら面白いことば28

115 勇気ある決断「清水の舞台から飛び降りる」

人生を左右するような決断を下すときは、「清水《きよみず》の舞台から飛び降りる」という形容がぴったりです。心を固めることに加え、勇気を出して行動する際にも使われます。

たとえば、ローンを組んでマイホームを購入する際、書類に印鑑を押す手が震えた状況は「清水の舞台から飛び降りる思いで判を押した」と表現できます。また、鼓動が激しく鳴り、全身から汗が吹き出しながらのプロポーズは「清水の舞台から飛び降りるつもりで結婚を申しこんだ」と言えます。

この「清水」とは、京都にある清水寺をさしています。切り立った崖《がけ》にせり出した本堂は国宝に指定され、「清水の舞台」として有名です。地上約一二メートル、四階建てのビルに相当する高さがあり、飛び降りたら命の保証はありません。**命を懸《か》けるほどの固い気持ちを、清水の舞台の高さで言い表わしている**というわけです。

ところが、この表現は単なる比喩ではありません。江戸時代中期から清水の観音様に祈って飛べば病気治癒、恋愛成就《じょうじゅ》など願いがかなうと迷信が広まり、飛び降りる人が続出したのです。明治になって問題視され、政府が禁止令を出したほどでした。

116 自慢になる話なら「手前味噌」

自慢話がしたくて仕方ない人がいます。得意げにしゃべるのが気持ちよくて、相手の反応は二の次なのかもしれません。

そういう人と一緒にされたくないと注意している人も、ときとして聞いてほしい話がある場合、「手前味噌《てまえみそ》ですが」と前置きするといいでしょう。

これは家庭で味噌を仕こんでいた時代に由来する表現。自家製の味噌は独特の味があっていいと自慢することから、自分で自分をほめる意味になりました。

「手前味噌ですが、これ自分で作ったんですよ」

前置きに使うと、**自慢とわかったうえであえて話していますというニュアンスが伝えられます。**

また、ビジネスで商品を売りこむ場合も活用できます。

「手前味噌で恐縮ですが、弊社の○○○は過去3年間トップシェアです」

「手前味噌になりますが、こちらは社を挙げて開発し、賞をいただいた製品です」

謙虚に長所をアピールするのに利用できます。

117 物事が進まず困った様子は「らちがあかない」

「アンタと話していても、らちがあかない。責任者を呼べ」

「メールでは、らちがあかない。すぐ現場に来なさい」

こんなクレームを受けた場合、どう解釈したらいいでしょう。

「らちがあかない」とは、物事がうまく運ばず、片づかないという意味。つまり、**このままの状態ではまずいので、次の対応を取る必要があるということ**です。

もともとスムーズに事が運ぶこと、はかどること、かたがつくことを「らちがあく」といいました。

現在では、もっぱら否定形で使われています。

「らち」は「埒」と書き、馬場の周囲の柵《さく》のこと。

一説には、京都の賀茂《かも》神社で競馬が行なわれていたころ、杭《くい》を打って柴で柵を作り、見物人が柵（埒）が開くのを今か今かと待ちわびたところから生まれたといいます。

また、奈良の春日大社の祭礼の日に、前夜に神輿《みこし》のまわりに作った柵を開けて人々を中に入れたことに由来するとの説もあります。

118 ウソくさい話だと思ったら「眉唾もの」

今なら確実にハイリターンが得られるという儲け話、美男美女と夢のようなデートができるという誘いなど、あまりにも出来すぎた話を聞かされたとき、とても信じられない気持ちをどう表現すればいいでしょう。

「そんなウソくさい話、信じられるわけないよ」という意味合いにぴったりな表現が「眉唾《まゆつば》もの」です。

「眉唾もの」とは、眉に唾をつければキツネやタヌキに化かされないとする迷信に由来する言葉。昔の人は唾に霊力があると信じていて、暗くて人気のない場所を通るときなど「化かされてなるものか」と眉に唾をつけたのです。

このおまじないから転じて、だまされないように用心することを「眉唾」、本当かどうかたしかではなく信用できないものを「眉唾もの」と言い表わすようになりました。「眉唾もの」を略して「眉唾」と言うこともあります。

「それはどう考えても眉唾ものだね」「それは眉唾だね」と言えば、簡単には信じない、だまされないぞという気持ちを表現できます。

119 ワケあって行きにくい人の家は「敷居が高い」

たとえば、久しぶりに学生時代の恩師の家に遊びに行こうと同級生から声がかかったとき。心に引っかかるものがあって行くのがためらわれたら、「先生の家は敷居《しきい》が高くて」と表現することができます。

「敷居が高い」とは、**不義理を重ねたり、迷惑をかけたりしたままで、その人に合わせる顔がないこと**をいいます。さんざん恩師に世話になりながら、進路が決まっても報告に行かず、挨拶が滞っている場合などにぴったりです。

また、親戚の家などでも同様。成人して以来、小さい頃からよくしてくれた親戚の家から足が遠のいている状況でも、「叔父《おじ》さんの家は敷居が高い」と表わせます。

この「敷居」とは玄関ドアの内と外の仕切りのこと。高く感じられて、またぎにくい心境を表わしています。住人のほうが嫌がって誰かを家に入らせない場合は「敷居をまたがせない」と表現できます。

最近は、「高級店に入りにくい」という意味合いでしばしば誤用されますが、本来は後ろめたさを表わす言葉なのです。

120 セクシーな魅力には「匂い立つような色気」

人の魅力を言葉にするのはとても難しいものです。「彼女、すげえ色っぽい！」「彼、めっちゃセクシー」と言っては、下品に響いてしまいます。こんなときに、使ってみたいのが「匂い立つような色気」という表現です。

「匂い立つ」というとフェロモンや香水をすぐに連想するかもしれませんが、もともとは見た目の美しさを表わす言葉でした。八世紀の和歌集『万葉集』には、赤系統の色が目に映えることを称《たた》えるのに使われています。

それが時代とともに転じて、今では視覚ではなく嗅覚を表わす言葉となりました。そもそも色気は嗅覚でかぎ取るものではありませんが、「匂い立つような色気がある」と言うことで、その人から立ち上る魅力を感じ取っていることが伝わります。

色気だけでなく美しさを表わす際にも使えます。たとえば、「その匂い立つような美しさに思わず見とれてしまった」というような使い方をします。

このように圧倒的な美しさに打ちのめされたといった状況で、強い気持ちを抱いたことを品よく伝えることができます。

121 華がある美しさには「あでやか」

ふだんはカジュアルな服装を好む人が、友人の結婚式や会社のパーティーなどに着飾って出席し、周囲の注目を浴びることがあります。その姿を見て「イケてる」「かなりいい感じ」と思ったなら、ぜひ美しい日本語でほめましょう。

ふさわしい言葉は「あでやか」です。

「あでやか」とは、華やかで美しいさま。**気品にあふれた美しさが漂《ただよ》っていることを賞賛するニュアンス**がある言葉です。

「あでやかね」「何て、あでやかなの!」「目を奪われるあでやかさがある」と表現することで、ひときわ美しいと感じている気持ちが伝わります。

また、「あでやかにほほ笑む」と言えば、華やかな美しさに加え、妖艶《ようえん》な様子という意味合いも帯びてきます。

さらに、人に対してだけでなく、服や物にも「あでやかな柄のお着物ですね」「あでやかな花々です」などと使えます。

122 〝カンペキ！〟と絶賛する「非の打ち所がない」

同僚が準備したプレゼンテーションに感動したとき、あるいは友達がＳＮＳに上げた趣味の作品のクオリティーに驚いたときなど、「スゴイ、カンペキ！」と絶賛するなら「非の打ち所がない」と表現してみるといいでしょう。

「非の打ち所がない」と言えば、文字通り**非難するような所がひとつもなく、完璧であるという意味。**「すばらしい。非の打ち所がないとは、まさにこのこと」と伝えれば、ほめている気持ちを強調できます。

仕事の出来やテクニック、作り上げた作品などに限らず、人柄などが完全無欠であるとして使うこともできます。

自分の恋人やパートナーを「あの人ったら、本当に非の打ち所がないんだよね」と言えば、のろけ話ですね。

一方、姑《しゅうとめ》が「非の打ち所がない嫁」と言えば、嫁の役目を完璧に果たしているという意味になります。あまりにもほめすぎだと、裏に何かあるのでは？　と邪推《じゃすい》してしまいそうですが……。

123 ちょうどよい加減をすすめる「ほどほど」

時間を忘れたように趣味に熱中している恋人にイライラし、「もうやめたら」「いつまでやってるの」と声を荒らげても、なかなか聞いてはくれないもの。きつい言葉に反発されるのがオチでしょう。

そんなときにおすすめなのが、「ほどほどにね」「ほどほどにしたら」と注意を喚起《かんき》する言い回しです。

「ほどほど」は漢字で書くと「程程」「程々」。度がすぎずにちょうどよい加減であることを意味する言葉です。

これなら「限度を超えているよ」と、やんわりとたしなめるニュアンスになるので、正面衝突は避けられそうです。

もともと「ほどほど」の「程」は、お役人の役など身分に応じたものであることをさしていました。

ここから「役を越えない程度に」という意味合いが生じて、「行きすぎずに」「適度に」ということを表現するようになりました。

124 調子に乗ってやりすぎるのは「羽目を外す」

「昨夜はすっかり羽目《はめ》を外してしまいましたね」

仕事関係の飲み会で調子づき、大騒ぎ……。翌朝、出社したときに一緒に騒いだ先輩にそんなふうに声をかければ、「そうだった？」と気恥ずかしさをにじませることでしょう。

「羽目」は実は当て字で、本来は「馬銜《はみ》を外す」。馬の字から想像できるかもしれませんが、馬銜は馬具。一般的に「はみ」と呼ばれ、馬の口にくわえさせる部分をさしています。

馬銜を噛《か》ませて馬の動きをコントロールするため、これが外れてしまうと制御がきかなくなり、馬は勝手に走り回ります。そこから転じて、**人が制約から放たれ、調子に乗って勝手気ままに振る舞い、度を越すこと**を表わすようになりました。

ストレスがたまっている友達に「たまには遊びに行って羽目を外したら」と提案したり、飲み始めると節度を失う友人には「あんまり羽目を外すと痛い目を見るよ」と忠告したりするときに使えます。

125 返事が来ない状態は「梨のつぶて」

メールや手紙の返事の催促《さいそく》に活用できる言い回しが「梨《なし》のつぶて」。待ちきれずに電話をして「何度もメールを送っているのに、どうして返事をいただけないのですか?」と言えば、問い詰めているような調子になり、状況しだいでは相手を怒らせることにもなりかねません。

「メールを何度かお送りしていましたが、梨のつぶてで困っておりました」と言ったほうが、相手に与える印象がやわらかくなります。というのも、「梨のつぶて」は、**問い詰めるわけでも非難するわけでもなく、状況だけを説明する言い方**だからです。

「梨のつぶて」の「つぶて」は漢字で「礫」と書き、小石、または小石を投げること。小石を投げたら戻ってこないように、なんの返事も反応もないことを表わします。

なぜ「梨」なのかというと、「無し」に引っかけた語呂合わせからです。ただ、「無しのつぶて」と書くのは誤りです。

プライベートなら「梨のつぶてで、ちょっと心配している」「返事が梨のつぶてになってるよ!」などと使えます。

126 あまりよくない状況をやんわり言う「芳しくない」

上司から「例の案件の進捗《しんちょく》は?」と尋ねられ、あまりよくない状況だと答えるなら、どのような言葉で返せばいいでしょう。

期待した通りに進んでいないこと、想定外の状況であることを伝える場合、「あまりよくないです」ではなく、「芳《かんば》しくないです」と返答するといいでしょう。少し婉曲的な言い回しとなり、上司の耳に多少はやわらかく響くはずです。

「芳しい」は、もともと花のよい香りをさす言葉でした。「芳しくない」はそれを打ち消した表現で、転じて、**好ましくない、出来が悪く立派とはいえないという意味**で使われるようになりました。

ビジネスシーン以外でも、健康状態が思わしくないような状況で用いることができます。

「体調はどう?」と聞かれ、「具合が悪い」と言うのもためらわれるなら、「あまり芳しくなくて」と言葉を濁すといいでしょう。

127 悪酔いして、からむのは「くだを巻く」

お酒の席での失敗は誰しもあるでしょう。悪酔いして周囲にからんでいる人をときどき見かけます。

このような状態にぴったりの表現があります。**泥酔《でいすい》し、とりとめもなく不平を言い続けるさま**が「くだを巻く」です。

一説に「くだ」はくだらないの「くだ」で、同音の「管」の連想から洒落《しゃれ》をきかせ、「巻く」と表わすようになったといいます。

ほかにも、「くだ」は糸車の紡錘《つむ》に差して糸を巻きつける「管」で、糸車が回って巻きつけるときにぶうぶう音をたてるからともいいます。酔っ払いのグチる様子を、その単調でうるさい音にたとえたとする説です。

飲みすぎてグチがとまらない友達にストップをかけるときも、「いつまでもグチグチ言ってないで帰ろう」では、火に油を注ぐことに。「くだを巻くのはそのへんにして、そろそろ帰ろう」とやわらかく言ったほうが、素直に聞いてくれるかもしれませんね。

128 よくないと知りながらやめられない「うつつを抜かす」

やるべきことを放ったまま、何かに夢中になってしまう……。

スマホを手放せない人なら「ある、ある」と、思わずうなずくでしょうか。試験勉強そっちのけで何時間もゲームをしたり、用事を忘れて友達と延々とSNSで通じたりする風景は、今や日常かもしれません。

このように、**ある物事に心を奪われ、すべきことがおろそかになること**を「うつつを抜かす」といいます。建設的で将来に役立つようなことではなく、好ましくないことに「ハマった」場合に用いられます。

「うつつ」とは、由来をたどると「鬱々《うつうつ》」の省略形として生まれたといわれます。漢字で書くと「現」。現実の「現」であり、この世に存在しているもの、その状態、生きていることを表わします。ですから、「うつつを抜かす」といえば、現実を逃避する、現在生きている状態からすっぽり抜けたようになるという意味になります。

「ホストにうつつを抜かしている場合じゃない」「パチンコにうつつを抜かしていると、奥さんに逃げられるよ」など戒《いまし》めに多く使われます。

129 泥沼の関係を終わりにする「けりをつける」

「今日こそ、けりをつけてくる」と宣言すれば、その人が、**抱えているトラブルに決着をつけようという決意が伝わります。**浮気相手との泥沼の関係解消でも、なかなか解決できずにいるクレーム対応でも使えます。

「けりをつける」とは、物事を終わらせ、締めくくること。「長く続いた話し合いに、ようやくけりがついた」「早いところけりをつけないと、外部にまで伝わりかねない」などと使います。

この「けり」について、足を振り上げる「蹴り」をイメージしている人もいるかもしれません。蹴りを入れるような荒っぽい真似をしてでも終わらせるというわけです。

実は、「けり」の正体は古典の助動詞。何かに気づいたことに驚き、詠嘆《えいたん》し、「……だなあ」「……ていたのだなあ」といった意味で使われます。和歌や俳句の末尾は「……思はざりけり」「……なりけり」など、「けり」で締めくくられるものが多くあります。そこから決着がついて終わることをさして使われるようになったといわれています。

130 うまくいきそうなときに「幸先」

日本人は古くから縁起にこだわってきました。人間の力では何ともしがたいことが起こるものです。そんなとき、運を味方につけて安心材料にしたいと願うのです。

「皆さんの歓迎を受け、幸先《さいさき》のよい旅立ちとなりました」

「幸先のよい滑り出しだよ」

このようなお知らせは、受け取った人も心がなごみます。

何かを始めようとする段階で、前兆のように感じさせるものが「幸先」。「幸」の字を見れば推測できる通り、もともと**おめでたいことの起こる前ぶれ、吉兆《きっちょう》を表わす**ので、よい意味として使われることが多いです。

わかりやすい状況は、新年、新年度のはじめなど。「よい年になりそうだ」と感じさせる暗示を見つけたら、「幸先がよい」と表現してみましょう。

「雲ひとつない元旦の空に幸先のよさを感じました」

「桜吹雪《ふぶき》に迎えられるとは、幸先がよい」

などのように使えます。

131 やり場のない気持ちには「やるせない」

「やるせない」とは、胸の内にある思いのやり場がないこと。漢字では「遣る瀬無い」と書き、苦しくて仕方ない気持ちをどこかへ追いやりたいけれど、そのすべもない状況で用います。

たとえば、結婚まで考えていた恋人と別れることになり落ちこんでいるとき。「やるせない思いに沈んでいる」と言い表わすことができます。

策を講じて解決できる悩みではなく、どうしようもなくて悶々《もんもん》としている状況です。**切なくて、言葉で表現するのが難しい感情を表わします。**

その相手がほかの人と結婚する話が伝わってきたら、さらに「何ともやるせない」思いが募《つの》ることになるでしょう。

ほかの例としては、社会情勢から希望の職業につけず、行き場のない思いを抱えているときなど。

頑張って勉強して準備してきたのに、「採用予定もないとは、何ともやるせない」と表現できます。

132 自業自得の出来事は「身から出た錆」

異性にだらしなく恋人にフラれてしまったとか、日頃の食べすぎがたたって健康診断で悪い数値が出たとか、そんなときにぴったりくる表現が「身から出た錆《さび》」です。意味は、**自らの悪い行ないのせいで苦しむ結果になること。**いわば自業自得ということですね。

人間の体から出る錆とはなんだろうと思いますが、この「身」は、実は刀の身、「刀身」をさしています。

ふだんは鞘におさめられている部分であり、手入れを怠《おこた》れば錆が出て、いざ刀を抜く場面で役に立ちません。刀で戦っていた戦国時代に生まれた表現です。

自分自身の行ないが悪かったり、なまけていたりすると、災厄が降りかかったとしても自分の責任。「そんなに嘆いているけれど、あなたの身から出た錆でしょう」と言えば、かなりきつい非難になります。

自分の責任だと認め、謝罪と反省を伝えるときには、「身から出た錆とはいえ本当に申し訳ない」という使い方ができます。

133 自慢げに見せびらかす「これ見よがし」

あこがれのバッグを手に入れた翌日、会う人ごとに気づいてほしくて相手の視線が届くように、わざわざ持ち方を変えるというのはよくある話。腕時計なら「今何時？」と人前で時刻を確かめたり、アクセサリーなら目につくように指で触れてみたり……。

そんな素振りをする友人に一言物申したいとすれば、どんな言葉をかければいいでしょう。「悪目立ちしているよ」とストレートに言ったら、さすがに険悪なムードになるかもしれません。

自慢がすぎると感じられるなら「ちょっと、これ見よがしな感じだね」くらいの言い方でどうでしょう。「やっぱり？」と相手も笑って受け止めてくれるかも。

「これ見よがし」とは、「これを見よ」と得意げに見せびらかす様子。 自慢したくて目につくように披露することをいいます。

若い年代ではあまり使わないので、少し古風で、やんわりとした響きに聞こえるかもしれません。

134 無愛想で感じが悪い応対は「つっけんどん」

「愛想がないよ。だからお客に逃げられるんだ」

「なんか怒っているみたいで、感じ悪いよ」

感じの悪い相手の対応ぶりを注意するとき、頭ごなしに否定するより「つっけんどん」を使うと上手にアドバイスできます。

「ちょっとつっけんどんに映っているから、笑顔を意識して」

こんな言い方なら、言われた側も、耳を傾けようという気になるもの。

「つっけんどん」とは、口のきき方や立ち居振る舞いが冷たく、とげがある様子をいいます。漢字で書くと「突っ慳貪」。「慳貪」は仏教用語で、「慳」は物惜しみする、「貪」はむさぼるという意味。欲が深く、ほしがるばかりでケチケチしていることを表わします。

そこから、**思いやりに欠け、つんけんして無愛想、冷淡という意味合いが生まれました。**「つっ」は、あとの言葉を強調する接頭語です。「つっけんどんな応対」「つっけんどんな態度」などと使うことができます。

135 やりたい放題の言動には「目に余る」

他人の言動があまりにもひどいと思ったとき、どう言ってたしなめればいいでしょうか。

「何、あの態度！」「ひどすぎる！」と言い放つだけでは、どうにも感情的に映ります。

そうした気持ちは「目に余る」の一言で言い表わすことができます。**程度がひどすぎて、目をつぶって見逃すことができない、黙って見すごすわけにはいかない**という意味合いです。「目に余るよ」と冷静に言い放てば、我慢ならない深刻さが伝わります。

面白いことに、もともと「目に余る」とは、数がたくさんありすぎるために一度に見渡すことができない状態をさす表現でした。

一目見ただけでは視界に入りきらない、つまり余りが出てしまうほど多いということです。

現在では、こちらの意味で使われることは少なくなりました。

136 ゲスなヤツと思ったら「さもしい」

日本のロックバンド「ゲスの極み乙女。」が登場した頃からでしょうか、「ゲス」という言葉を目や耳にするようになりました。ゲス野郎、ゲス不倫など、激しい言葉がメディアを沸かせています。ただ、不用意に使うのは避けたいところ。そのような言葉を使う人自身が、下品に映ってしまいます。

「ゲス」に代わる言葉として「さもしい」があります。**品性がなく、心が卑《いや》しいことをさします。**「さもしいヤツだね」「なんてさもしい根性なんだ」などと言えば、暗に下衆《げす》であることを表現できます。

もともと「さもしい」といえば、見た目、様子が見苦しいことをいいました。托鉢《たくはつ》をする修行僧の沙門《しゃもん》のみすぼらしさを「さもんしい」といい、そこから変化して「さもしい」になったともいわれます。古くは身分が低く卑しいという意味もありましたが、今ではそのような使い方はしません。

今日では、自分の得だけを求め、不正な手段で人を蹴落とすことをいとわない人、倫理観が欠如した人を「さもしい」といいます。

137 やんわりと辞退を伝える「もったいない話」

「もったいない」といえば、食べ残したり、使えるものを捨てたりするときに使う言葉と連想するでしょうか。ノーベル平和賞受賞者のマータイさんが世界に広めて注目されましたが、この表現には奥深い意味合いがあります。

もとは仏教に由来する言葉で、漢字で「勿体」と書き、本来あるべき姿を表わします。そこから「勿体ない」といえば、あるべき姿を外れて不都合だという意味を持つようになり、さらに「恐れ多い」といった意味でも使われるようになりました。

たとえば、上司や恩師などからお見合いをすすめられたとき、「私にはもったいないお話で」と言うことで、やんわりと辞退できます。**自分にはすぎた話であると恐縮し、相手の気分を害さないようにする**断り方です。

また、目上の人から非常にほめられたとき、「私にはもったいないお言葉です」と応じると、身に余る言葉だと謙虚な姿勢を見せられます。「いえいえ、私なんか全然で……」「そんなことないです」などと、相手のせっかくの賛辞を否定する答え方に比べて、格段に好印象を与えられます。

138 相手の期待に添えないときには「あいにく」

お客様が希望する商品が売り切れているとき、電話を取り次いでほしいという人物が外出しているとき、どんな返答をすればいいでしょうか。

「その商品は売り切れました」「○○は外出しております」という答え方は、事実のみを伝えているだけで、どこか素っ気ない印象を与えてしまいます。

「あいにく売り切れてしまいまして……」「あいにく外出しておりまして……」のように「あいにく」を付け加えることで、**相手の期待に添えずに申し訳ないという気持ちが伝わります。**加えて、語尾を濁すことで、いかにも残念そうな感じに響きます。

語源は「あやにく」という古語。感動詞「あや」に「憎し」の「にく」がつき、「ああ憎い」ということです。もっとも、誰かを憎むのではなく、思うようにいかず「憎たらしい」と悔しがっている状態です。そこからうまくいかない状況をさすようになり、さらに相手の期待に反するさまを表わすようになりました。

相手の誘いを断る際も「あいにく、このあとは予定が入っておりまして」「あいにく、外せない用事がありまして」と言うと、申し訳なく思う気持ちが伝わります。

139 グチばかり言っている状態は「御託を並べる」

不満がたまれば、はけ口を求めるもの。同僚と会社のグチを言い合っていたら、そこに上司がやってきた……。そんなときは、間を置かずに謝るしかありません。

「生意気にも御託《ごたく》を並べてしまいました。申し訳ありません」

これくらいの言い方のほうが引き締まります。「グチを言ってすみません」では幼稚な印象です。

「御託を並べる」とは、**もったいぶってグチやつまらないことを言い募ったり、勝手な言い分を偉そうに言い立てたりすること**をいいます。

意外ですが、「御託」は「御託宣《ごたくせん》」の省略形で、神様のありがたいお告《つ》げという意味。それがなぜ、身勝手でくだらないことを表わすようになったかというと、わけのわからないお告げが長々と続いたり、それを告げる巫女《みこ》がもったいぶった口ぶりだったりしたことから生まれたといわれています。

長々と雑談している部下を指導する際は、「御託を並べていないで、早く作業を終わらせて」というように使えます。

140 丁寧にお礼を言われたら「どういたしまして」

人からお礼を言われたとき、どんな言葉を返しているでしょうか。丁寧にお礼を言われたときなど、「いえいえ、とんでもない」「いやいや、別にたいしたことじゃないから」などと、口ごもった返答をしていないでしょうか。

最近は、耳にすることが減ってしまいましたが、かつてはお礼を言われたら「どういたしまして」と返すのが当たり前でした。

挨拶の言葉としてセットになっていたのです。この一言で**「いえいえ」という気持ちを品よく表現できる**のです。

お礼だけでなく、お詫びの言葉に対しても使われます。「迷惑かけてごめん」「忙しいのに申し訳ない」などと言われたときに「どういたしまして」と返すと、「そんなに謝らなくていい」というメッセージが伝わります。

いつもなら「全然」「ううん、大丈夫、大丈夫」などと答えていても、相手によっては「どういたしまして」に切り替えると伝わり方が変わります。

141 ガンガンと立ち向かう様子は「遮二無二」

強い相手を恐れず、猛然と立ち向かっていく状況で使いたいのが、「遮二無二《しゃにむに》」という表現。**余計なことはいっさい考えず、ただひたすらに、がむしゃらに何かをする様子**を表わします。

たとえば、スポーツの競技で強豪相手と対戦したとき。「遮二無二ぶつかっていった」「遮二無二向かっていった」などと使うことができます。

仕事でも「ガンガンやっている」と思うときには「目標に向かって遮二無二突き進んでいる」という言い方ができそうです。

ただし、この表現には後先《あとさき》を考えず向こうみずな振る舞いというニュアンスもあるので、目上の人や上司に使わないほうが賢明です。

語源は、江戸時代前期から使われていた「しゃりむり」だといわれています。「無理」に「しゃり」をつけて調子を整えた言葉と見られ、今も東北地方などでは使われているようです。この「しゃりむり」がしだいに「しゃにむに」に変わっていき、「遮二無二」と当て字で書くようになりました。

142 ほめ言葉をもらったら「面映ゆい」

仕事で成果が出れば周囲から認められ、賛辞を得る機会もあるでしょう。いつもは厳しい上司からほめ言葉をかけられると、うれしい反面、どこか気恥ずかしく照れてしまう人もいるかもしれません。

手紙やメールでおほめの言葉に返礼する際、「照れます」では軽い印象です。少し古風な言い回し「面映《おもは》ゆい」を使ってはどうでしょうか。

この面映ゆいの「面」は顔を、「映ゆい」は明るい光に照らされることをさしています。

つまり、**まぶしくて相手に顔をしっかりと向けられない、まともに見られない、それくらい照れくさい**というわけです。

「このようにおほめの言葉をいただき、面映ゆい思いでおります」「皆さまのお言葉がうれしく、少々面映ゆく感じております」と書けば、うれしい気持ちとともに気恥ずかしくもあると、奥ゆかしい態度を示せます。

イマドキのこんな
\カワイイ/は、こう言いかえる!

こじゃれたカフェを見渡して一言
「カワイイ!」

「なんて瀟洒《しょうしゃ》なお店!」

友達の飼っている子猫の写真を見て
「カワイすぎ!」

「なんともいたいけな姿ね」

にこやかなお年寄りの女性を表現するときに
「あのおばあちゃん、カワイイね」

「愛らしい印象の方だね」

6章

使ったら一目置かれることば42

143 〝エモい〟と言わず「琴線に触れる」

最近の流行《はや》り言葉に「エモい」があります。SNSでも頻繁に登場し、「この曲調、エモい」「この景色、やたらエモい」などと使われているようです。

その由来としては、「情緒的な」「感動的な」という意味の「エモーショナル」にあるとする説、1980年代のアメリカのロックの一種「EMO」が情緒的でメロディアスだったのにちなむとする説などがあります。

日頃よく「エモい」を使っている人は、きちんとした場面でも、つい口にしてしまうかもしれません。

そうならないために覚えておくと便利なのが、「琴線《きんせん》に触れる」という慣用句。「このピアノ、まさに琴線に触れる音色ですね」「心の琴線に触れる歌声でした」というように、**すばらしいものに触れて感動した気持ちを表現できます。**美しい琴の音に共鳴したという中国の故事から生まれた言い回しです。

ただし、最近では「逆鱗《げきりん》に触れる」と混同するのか、「怒らせる」という意味だと誤解している人もいるようです。

144 面白くて夢中になったら「興に乗る」

「彼はラップを聴くと、すぐ興《きょう》に乗って踊りだす」「芝居の話をしているうちに、興に乗って即興芝居が始まった」というように、面白くてつい夢中になってしまうことを「興に乗る」といいます。

「興」は「面白いこと」や「面白み」をさします。

だから、**面白くて勢いに乗り、調子づいて行動したりすること**が「興に乗る」。「興が乗る」ともいいます。今の若い人なら「テン上げ」「アゲアゲ」などと言って騒ぐ状態でしょうか。

ふだんは静かな人が、カラオケでマイクを握ると人が変わったように熱唱するような場合も、「興が乗ってきたね」という言葉で表わすと、大人の会話が演出できます。

我を忘れて没頭している様子を周囲にからかわれたときにも、「つい興が乗ってしまって」と照れながら言えばよいでしょう。

また、興に乗っていたのに、何かのせいですっかり冷めてしまったことを表わす言葉が「興ざめ」です。合わせて覚えておくと便利です。

145 超ラッキーなことが起きたら「渡りに船」

極めてラッキーなシチュエーションを「渡りに船」と形容します。橋のかかっていない川をどうやって渡ろうかと思案していたら、渡し船がちょうど着いたというわけです。

バスに乗りそびれたら、たまたまタクシーが通りかかり、乗ることができた、転職しようと探していたところ、昔の知人が偶然にも声をかけてくれた——。

何かを求めているとき、必要なものが揃わずにどうしようかと思っているときに、偶然、都合よく手に入ったり、望ましい状態になったりする場合にぴったりの言葉です。「超ラッキー！」「ついてる！」と思ったら、「渡りに船とはこのこと」と言いかえることができます。

由来は『法華経《ほけきょう》』の中の一節。「渡りに船を得たるが如《ごと》く」から「渡りに船」というようになりました。

「子が母を見つけるように、川を渡るときに船が来るように、病のときに医者が見つかるように」と、法華経こそが人々の救いになると著《しる》されています。

146 ほめちぎられたら「滅相もない」

世の中には大げさに人をおだてる人がいます。カラオケで歌がうまいと「デビューできる」、有名校の出身なら「超エリート」、仕事で成果をあげたら「末は社長」といった具合です。言われたほうがどう反応すればよいのか困ってしまいます。中には意地悪く、どんな反応をするかで値踏みをする人もいるから厄介です。

そこでスマートなのが、「滅相《めっそう》もない」という言い回し。**謙虚にへりくだって、相手のほめちぎる言葉を否定することができます。**心理的距離が近い相手なら「とんでもない」でOKでしょうが、気を遣わなければならない人、目上の人には「滅相もないことです」「滅相もないことでございます」と返せば無難です。

「滅相」とは、仏教で物事が移り変わる四相《しそう》のうち、因縁《いんねん》による一切のものが現在から滅して過去となることをいいます。滅し去り、消え去るから、あるはずがない、転じてとんでもないとの意味でも使われるようになりました。

「全然そんなことはない」「冗談はやめてください」という意味をつつましく伝えるときに使える言い方です。

147 恐れ入る、恐縮しているなら「いたみいります」

恐れ入る気持ちが強いときには、「誠に恐縮です」「大変恐縮です」と強調できますが、「いたみいります」という言い方も覚えておくと便利です。

「いたみいる」とは、相手の親切、厚意や丁重な態度に深く感じ入ること。漢字では「痛み入る」と書き、心がチクチク痛むほど恐れ入るという意味合いです。

このため、ちょっとした日常の親切に使ってしまうと、大げさすぎて皮肉めいて聞こえてしまうので注意が必要です。

使う場面としては、**相手のやさしい気持ち、こちらへの敬意の示し方が心に沁みて、恐縮してしまうシチュエーション**が考えられます。

たとえば、商談の席に忘れ物をしたらあとから届けに来てくれたとか、自分が納期で困っているうわさを聞きつけて、取引先がサポートに回ってくれたとか、思わず「そこまでしてくださらなくとも」と言いそうになるときに使うといいでしょう。

また、呼ばれて行ったら予想もしなかった歓待《かんたい》を受けたときなども、「あたたかいお心遣い、いたみいります」と気持ちを伝えられます。

148 聞き入れられないことは「いかんともしがたい」

「ムリムリ、絶対ムリ！」「何それ！　ありえないっしょ！」

友達からの難しい依頼やお願いなら、こんなふうに断っているかもしれません。では、ビジネスの場面や、相手が目上の方なら、どう言って断ればいいでしょうか。

気を遣ったつもりで、「それは、ちょっとどうでしょうか」「うーん、そうですね……」などと、あいまいな言い方をしていると、煮え切らない態度に、相手はかえってイライラするはず。

相手の気分を害することなく、可能性はゼロだと伝えるには、「いかんともしがたい」という言い回しがあります。

「できればお役に立ちたいのですが、いかんともしがたい状況です」

「残念ですが、私の力ではいかんともしがたい、というのが現状です」

このように伝えると、なんとかしようにもどうにもならないという切羽詰《せっぱ》まった状況が伝わります。残念そうな様子と「いかんともしがたい」という表現で、「これは無理だ」と伝わります。

149 お金をせびられたら「ない袖は振れない」

友達から「お金を貸してほしい」と頼まれたら、とっさの返答に詰まるはず。「貸してもいいが、また頼まれたら？」「どこまで信用できる？」と心の中で自問することでしょう。

世間では、「あげてもいいと思える人にしか貸してはいけない」とか、「返って来なくてもいい額だけを貸しなさい」と言われます。**貸さないと決めたら、体《てい》よく断るフレーズ**として「ない袖《そで》は振れない」を使ってみるといいでしょう。

「力になりたいけれど、ない袖は振れないというでしょう」

申し訳なさそうに言えば、やんわりと「ノー」を伝えられます。

「ない袖は振れない」とは、袖のない着物では振りたくても振る袖がない、つまり、どうしようもないということ。現実にお金がないのだから、貸したくても貸せないという意味で使われる慣用句です。

借金の依頼のほか、反対に自分が返済や支払いを求められたときも「払いたくてもできない」と弁明するのに使われます。

150 誘導尋問をする「鎌をかける」

職場恋愛や転職、独立など、本当かどうか確かめたくなるうわさ話を聞くことは多いでしょう。しかし、プライベートな話、ギリギリまで内密にしたい話などは、なかなか教えてくれるものではありません。

「私が鎌《かま》をかけて、うまく聞き出してみる」

こんなふうに使われるのが「鎌をかける」という表現。**相手が本心や本当のことを、ぽろりと漏らすように仕向けること**を表わします。いわば誘導尋問をするのが「鎌をかける」。それとなく言葉でうまく誘いかけ、自分が知りたいことを白状させるのです。

この「鎌」は一説には草刈りの鎌。手で持った鎌の先を草に引っかけて刈る様子にたとえ、このような言い回しが生まれたといいます。

ほかに、相撲の技に由来するとの説もあります。相手が立ち合いから激しく突っ張ってきたとき、鎌で草を刈るようにその腕をはたいてバランスを崩させたところから生まれたといわれます。ただ、真偽のほどは定かではありません。

151 頼み事を快く引き受ける「お安い御用です」

時間に追われている上司や先輩に「これ発送しておいて」「開始時間が30分遅れると連絡しておいて」と頼まれたとき、どんな返事をするといいでしょうか。

喜んでやりますというつもりで、元気よく「全然いいっすよ」「全然ＯＫです！」と笑顔で応える。

しかし、これでは、せっかくのサポートであっても好印象は与えられません。「学生気分が抜けていないヤツ」と悪《あ》しきレッテルすら貼られるでしょう。

そんなとき、**たいして苦にも負担にもならず、容易にできる用事だとさらりと伝えられる**言い回しがあります。

それが「お安い御用です」。

特に最近は、「なぜ自分がそれをしなければいけないのか」「自分がやる意味があるのか」などと反発する若い人も少なくないので、頼むほうも気を遣います。

それだけに、笑顔で「お安い御用です」と引き受ければ、好印象につながるでしょう。

152 忘れてほしい事柄には「ご放念ください」

声をかけていた仕事の依頼が、別の人に決まったとき、「実現しそうだから」と準備をうながしていたイベントが中止になったとき……。「あの件は忘れてください」「どうか気にせず、なかったことにしてください」では、丁重さに欠け、相手を逆上《ぎゃくじょう》させるおそれがあります。

そこで便利なのが「ご放念《ほうねん》ください」という言い回し。「先日お話しした件は、ご放念ください」というように使い、きちんとした印象を醸《かも》します。少し形式ばった言い回しだけに、メールや手紙に向いています。

「放念」とは、文字通り念から解き放たれること。**もう気にしなくていい、心配しなくていいという意味**です。

この言い回しは、お中元やお歳暮を辞退したいときにも「どうか以降はご放念ください」「どうぞ今後はご放念くださいませ」というように使われます。

過剰な気遣いに対して「もういいですから、贈らないで」という気持ちを、丁寧に伝えられます。

153 部下のミスを謝るときに「不徳のいたすところ」

「私の不徳のいたすところです」と頭を下げる謝罪会見。政治家や官僚、大企業のトップが矢面《やおもて》に立たされたときによく耳にする言葉です。

何もお偉方《えらがた》だけが使う言葉ではありません。経験を積み、部下を持つ立場となったら、使えるようにしておきたいもの。

部下の不手際で取引先に迷惑をかけたときなど、本人に同行し、ともに謝罪するときにぴったりな言葉だからです。

不徳とは、徳の足りないこと。

ビジネスで「この度の失態は、すべて私の不徳のいたすところです」と言えば、上司である**自分の能力が足りず、指導と管理が不十分だったために起きたことだという意味**です。

また、私生活のトラブルが仕事に悪影響を及ぼしたり、職場に悪いうわさが広まったりしたときも、上司に対しては「私の不徳のいたすところです」という謝り方が適当です。ただの「すみません」では幼稚に映ります。

154 過ちが恥ずかしくて仕方ないときは「慚愧に堪えない」

ビジネスで大きな失敗をしたときは、何はともあれ謝ることが肝要《かんよう》。直接謝りにうかがうのが基本ですが、加えて、お詫びの気持ちをしたためた手紙を送ることがあります。そんなときに使われるのが「慚愧《ざんき》に堪《た》えない」という言葉です。スキャンダルが発覚した政治家や著名人などの記者会見でも、よく耳にしているかもしれません。

意味は、**自分の過去の行ないを深く反省し、恥じ入るということ。**「恥ずかしくて顔を出すこともできない」と後悔する気持ちを表わします。

もともと仏教に由来する言葉で、「慚」は仏教の戒めを破ってしまった己を恥じること、「愧」はほかの人に対してそれを示すという意味。つまり、法やルールなどを破った自分を恥じ入っているということです。

「ご迷惑をおかけし、慚愧に堪えません」「この度の不始末、慚愧に堪えません」

仰々しいイメージがあるだけに、ちょっとした連絡ミスなどではなく、深刻な問題のときに使います。口で謝罪を繰り返すより「慚愧に堪えない」と記した手紙のほうが、重みのある言い回しといえるでしょう。

155 何かしてもらいたいときに用いる「幸甚」

日常会話で口にされることはほとんどありませんが、ビジネスレターでは重宝される言葉に「幸甚《こうじん》」があります。

「ご多忙とは存じますが、弊社主催のパーティーにご参加いただければ幸甚です」というように、相手に何かしてもらいたいときに用いられます。

「幸せ」や「運がいい」ことを意味する「幸」に、「たいへん」「非常に」を意味する「甚」がついて、非常に幸せなことを表わします。会話では「幸いです」と言っても、案内状、挨拶状などの書き言葉では「幸甚」を用いると、よりきちんとした印象になります。

自分の要望や依頼したいことを伝えるとき以外にも、「幸甚」を使う場面はあります。たとえば、得意先などに贈り物をするとき。「お役に立てば幸甚です」「喜んでいただければ幸甚です」という一文を書き加えます。

この「幸甚」という言葉は、平安時代の初期に書かれた史書『続日本紀《しょくにほんぎ》』の中でも使われています。受け継がれてきた由緒《ゆいしょ》ある表現であり、礼儀正しさが伝わります。

156 聞き届けてもらいたいときの「なにとぞよしなに」

フォーマルな場面では古風な言い回しを使うと、自分の気持ちをしっかり相手に印象づけることができます。なんとしても聞き届けてほしいお願いをするときには、日頃あまり目にしない、または聞き慣れない表現を使ってみるといいでしょう。

「よろしくお願いいたします」と「なにとぞよしなにお願いいたします」を比べてみましょう。前者はあまりにポピュラーな言い回しで、これだけで相手に強くアピールするのは難しそうです。一方、後者は耳に残り、それだけ真剣さがあると印象づけられます。

漢字だと「宜しなに」「良しなに」ですが、仲介や仲裁など、丁重にお願いをする際には、ひらがなで綴ると効果的です。「なにとぞよしなにお取りなし願います」「なにとぞよしなにお取り計らいください」といった一文が、相手に響くはずです。

また、**「よしなに」は「よろしく」「よいように」という意味**なので、「お母さまによしなにお伝えください」「どうかよしなにお願い申し上げます」といった使い方もできます。

157 必死のお願いなら「後生だから」

必死になって人に何かをお願いするとき、切実な気持ちをアピールするのに用いられるのが「後生《ごしょう》だから」。**折り入って特別な頼み事をするとき、何が何でもそうしてほしいと願うとき**、このフレーズをつけ加えて使います。

例として挙げれば、「後生だから、力を貸してください」「後生だから、この話を受け入れてくれませんか」といった使い方です。

ときには、まずい状況を見逃してほしいと「後生だから、見なかったことにして」「後生だから、この件は黙っていてください」などと使うこともあります。

さらに、許してほしいと強く訴えかけるときも「後生だから、許して」「後生だから、勘弁してください」などと言います。

そもそも「後生」は、仏教用語。輪廻転生《りんねてんしょう》では生まれ変わる前の前生《ぜんしょう》、今生きている今生《こんじょう》、そして後生と流転《るてん》を繰り返します。後生はあの世、来世という意味です。一説には、「あなたがあの世で極楽往生する一助になるから助けて」という意味合いが含まれているともいわれています。

158 おいしすぎて幸せな「口福」

文字にしてこそ、相手に思いが伝わる言葉があります。「口福」もそのひとつ。「こうふく」を音で聞いた場合、ほとんどの人が「幸福」を思い浮かべるでしょう。

中国から伝わったこの「口福」もやはり幸せな状態であることを表わしますが、読んで字のごとし、使える場面が限定されます。つまり「おいしいものを口にしたときに得ることができる満足感」という意味なのです。

では、そんな「口福」を味わえるのは、高級グルメを口にできたときだけのものでしょうか。そんなことはありません。**食材のめずらしさや値段、お店のブランドにかかわらず、幸せな気持ちになれたのであれば、やはり口福といえます。**

お菓子をいただいた、料理のもてなしを受けたときなど、お礼を手紙やメールでするときに「口福」を使ってみましょう。

「まさに口福とはこのことと胸に沁みました」

「一同、口福のひとときに酔いしれました」

喜んでいることが印象深く伝わる、感謝の言葉です。

159 苦しいときに助けられてありがたい「地獄で仏」

給料日前、財布はすっからかん。今日はお昼抜きかと思っていたとき、先輩が「おごるから行こう」と声をかけてくれたら、その姿はどう映るでしょう。

こんなシチュエーションを想像すると、「地獄で仏」という慣用句に納得がいくはずです。「地獄で仏とは、まさにこのこと」といった使い方ができます。ピンチを救ってくれた先輩には、後光が差しているように見えるでしょう。

もともとは「地獄で仏に会ったよう」と言いましたが、現在ではたいてい「地獄で仏」と略して使われます。**非常に苦しいとき、危機的状況にあるときに、思いがけず助けてくれる人が現われた喜び**をいいます。

冒頭のような例ではなくて、予定していた仕事が急にキャンセルされ、困っていたら新しい仕事が舞いこんだとき、プライベートな用事が仕事と重なって頭を抱えていたら同僚がピンチヒッターを買って出てくれたときなどにも使えます。

誰かが苦境から救い出してくれたときは、「地獄で仏に会ったような気持ち。感謝してもしきれない」と、お礼を伝えたいものです。

160 超うれしい気持ちには「喜びも一入」

取り組んできた課題、挑戦し続けてきたことを達成できたときは、喜びにあふれるでしょう。ふだんなら「超うれしい〜」と叫ぶ人も、目上の人の前なら響きのきれいな言葉を使えば、「やはりデキる人」と評価が上がる効果が期待できます。

格段の喜びという際に用いたいのが「一入」。「ひとしお」と読み、うれしさや喜びが非常に強いことが伝わります。「これまで苦戦続きでしたが、晴れて達成でき、喜びも一入です」「皆さまの応援、励ましを思うにつけ、喜びも一入です」などと使うことができます。

「一入」という言葉は、もともと染物の世界で使われていました。染料に一回浸《つ》けることをさし、二回、三回と浸ける回数を増やすたびに鮮やかに染まることを意味していました。それが転じて、**事情や感情、様子が一段と増していることを表わす**ために使われるようになったのです。

平安時代に編集された『古今和歌集』に見られるほど、古くから使われていた言葉。それを考えると、情緒がいっそう感じられますね。

161 うれしさを大人らしく示す「冥利に尽きる」

「冥利《みょうり》」とは、もともと仏教の言葉。目に見えないものの、菩薩《ぼさつ》が人知れず与えているご利益《りやく》のことをいいます。そこから転じて、神仏のおかげで知らず知らずのうちに得ている助けや恩恵を表わすようになり、さらに**他人や社会から得られる恩恵に対しても用いられる**言葉となりました。

たとえば、メンバーを率いて手がけた案件が賞を取ったときは、その無上の喜びを「チームリーダーとして冥利に尽きます」と言い表わすことができます。受賞の挨拶で使えば場が引き締まりそうですね。

また、顧客から礼状をもらったときなら「担当した者として冥利に尽きます」、指導にあたった後輩が大きな功績をあげたなら「指導者として冥利に尽きるよ」などと使うことができます。

一方、立場、職業などの後ろに「冥利」とつける言い回しもあります。たとえば、「教師冥利に尽きる」「監督冥利に尽きる」などの使い方があり、その立場にあることで得る恩恵が大きく、ありがたい、最高の喜びであるとの意味です。

162 適当に調子を合わせるのは「三味線を弾く」

三味線《しゃみせん》といえば和楽器の代表格です。風流な音色の響きからか、「三味線を弾《ひ》く」という言葉を聞いて連想するのは、酒宴の席に興を添える芸者さんの姿かもしれません。

実は慣用句として、相手の話に適当に調子を合わせるとの意味があります。この「適当」は「適切に」ということではなく、「いい加減に」ということ。**事実とは違うことを言ったり、その場しのぎのごまかしを言ったりするとき**に使われます。

「あの人の話はしつこいから、三味線を弾いておけばいいよ」

「課長はとぼけて三味線を弾くばかりで、本気で対応してくれない」

相手の言葉に真剣に応じるのではなく、受け流したり、ごまかしたりするわけです。

ちなみに、人をだまそうと言葉巧みに話に乗せることを「口三味線《くちじゃみせん》」と言います。「口三味線に乗せる」と言えば「口車《くちぐるま》に乗せる」とほぼ同じ意味です。「口三味線に乗せられてひどい目にあった」「あの人の口三味線に乗せられたのが運の尽きだった」といった使い方があります。

163 感心しない思いを示す「ぞっとしない」

「あの会社、そんな事業にまで手を出したのか。ぞっとしない話だね」

「子ども向けに力を入れて作った動画というが、ぞっとしない内容だった」

このように使われる「ぞっとしない」という言葉。現在では「ぞっとする」のほうがあまりにポピュラーなため、意味合いを誤解されがちです。

「ぞっとする」のは恐怖から。「ぞっと」は副詞で、怖くて身体が震えるような感じを表わします。一方の「ぞっとしない」はその否定形ではありません。「怖くない」という意味を表わす言葉ではないのです。

「ぞっとしない話」といえば、**あまり感心しない、いい感じがしない話ということ。**面白くないというニュアンスがあり、「ぞっとしない内容だった」といえば、面白くなかったと表現できます。

「ぞっとしない」は、よい印象を抱いていないことを婉曲的に伝えるのに役立ちますし、使いこなせれば語彙《ごい》力が豊かになります。ただ、本来の意味を知らない人にはさりげなくフォローする言葉を重ねないと、気持ちが伝わらないかもしれません。

164 文句ばかり言っているなら「四の五の言う」

取引先に新しいカタログを持っていくよう部下に指示したら、やれ「文書を作り直す必要がある」だの「水曜の午後はたいてい不在」だのと言って動かない……。

つまるところ取引先に行きたくないだけの話。こういう動こうとしない部下に対して、どんな言葉で発破《はっぱ》をかければいいでしょうか。

「四《し》の五《ご》の言う」とは、**なんのかんのと言い立てたり、文句を並べたりすること。**「四の五の言わずに、やることをやりなさい」と言えば、「ごちゃごちゃ言ってないでやるように」という意味になります。

由来をたどると、この四と五は賭博《とばく》で使うサイコロの目。客が「丁《ちょう》」（偶数）か「半《はん》」（奇数）かで迷っているとき、仕切り人が早く進めるようにうながした言葉だといいます。「四」と「五」になったのは、語呂がよかったからだそうです。

夕飯にカレーを出したら、「ハンバーグがよかった」「すき焼きもいい」などと家族が勝手なことを言い出したときは、「四の五の言わず、早く食べなさい」とぴしゃりと言ってやりましょう。

165 やり方が汚いことを表わす「阿漕」

商品を押し売りしたり、強引に取り立てたりするやり口を「阿漕《あこぎ》な商売」と形容します。

引っかかりそうな友達に忠告するなら、「彼らは阿漕な商売をしている」「阿漕なやり方で有名」などと使えます。

ふだんの聞き慣れた言葉なら「ぼったくり」「詐欺《さぎ》まがい」のニュアンスに近いでしょうか。

「阿漕」の由来は、現在の三重県にある阿漕ヶ浦。伊勢神宮に奉納する魚をとる漁場として、一般には禁漁区でしたが、平次《へいじ》という男が病気の母に食べさせたいと密漁を重ね、見つかって海に沈められたという伝説がもとにあります。

これは『源平盛衰記《げんぺいせいすいき》』の中で「伊勢の海　あこぎが浦に　引く網も　度重なれば人もこそ知れ」と詠《よ》まれ、謡曲や御伽草紙《おとぎぞうし》、浄瑠璃《じょうるり》の題材になりました。

はじめは「度重なるといずれ人に知られる」という意味だったのですが、身勝手で厚かましい、強引といったネガティブな意味が加わったといわれています。

166 悔やみきれない気持ちで「臍を噛む」

思いもよらぬ失敗をして、後悔した経験は誰にでもあるはず。悔やむ気持ちを表わす言葉に「臍を噛む」があります。

「臍」とは「ほぞ」と読み、体の「へそ」のこと。いくら体がやわらかくとも自分のへそは噛めません。**噛もうとしてもへそに届かないように、あとになって悔やんでも及ばないとする表現**です。

「原因は時間の見積もりの甘さにあったと臍を噛んでおります」「早くに対策を講ずるべきだったと臍を噛む思いです」というように使えます。

由来は、中国の歴史書『春秋《しゅんじゅう》』の解説書『春秋左氏伝《さしでん》』。楚《そ》の文王《ぶんおう》が申《しん》を討とうとして鄧《とう》に立ち寄ったのを見て、鄧の家臣が主君に「文王を今、殺害しなければ後々臍を噛みますよ」と進言したものの、聞き入れられなかったとの逸話から生まれたといわれています。

同じ「噛む」でも「唇を噛む」のでは大きな違い。こちらは、悔しさ、怒りをおさえきれずにイライラしている様子を表わす言葉です。

167 努力が水の泡になったときは「元の木阿弥」

努力を重ねて積み上げてきたものが、結局、何もならなかったとなれば残念に感じます。そんな無念の思いを効果的に伝える言葉が「元《もと》の木阿弥《もくあみ》」です。

「折悪《おりあ》しく豪雨に見舞われ、早急に対策を講じないと元の木阿弥です」

「ここで踏ん張らないと、元の木阿弥になるよ」

事態の深刻さを伝える際に使うことができます。

語源に関しては諸説あるものの、応仁の乱でも活躍した筒井順慶《じゅんけい》の父親で、大和《やまと》郡山《こおりやま》の城主・筒井順昭《じゅんしょう》が病死した際のエピソードが有名でしょう。

順昭の死を隠さないと敵につけこまれると考えた筒井家は、幼い順慶が成長するまでは替え玉を立てました。声が似ていたという理由から選ばれたのが木阿弥という男で、寝所に住まわせ、訪れる人をあざむいていました。

やがて順慶が成長したところで、順昭の死を公表。替え玉だった木阿弥は、城主という地位から元の身分に戻ったという話です。ここから転じて、**努力してきたことが、元の状態に戻ること**を「元の木阿弥」というようになりました。

168 苦しみ悩む様子が「苦汁を嘗める」

辛くて苦しい経験を表現する言い回しに「苦汁を嘗《な》める」があります。

「彼女は医師を志したが、三浪の苦汁を嘗めた」

「優勝候補といわれたチームが予選敗退という苦汁を嘗めた」

「苦汁」は読んで字のごとく「苦い汁」。そこから転じて苦く、辛い経験を表わすようになりました。「嘗める」は舌で触れることですが、苦しみを経験するという意味もあり、「辛酸《しんさん》を嘗める」「苦杯を嘗める」といった使い方もあります。

ちょっとしたミスではなく、そのあとに大きな影響を及ぼすような苦しい経験にこそ「苦汁を嘗める」という表現は合っています。

なお、よく見られる間違いが「苦渋を嘗める」と書いてしまうこと。「苦渋」も「苦汁」と同じく「くじゅう」と読み、苦悩することを表わすため、たしかにまぎらわしい表現です。

「苦渋」を使うのであれば「苦渋を味わう」がよいでしょう。物事がうまくいかず、苦しみ悩む気持ちが表現できます。

169 おさえきれない悔しさは「地団駄を踏む」

成功を信じて疑わなかったのに思わぬ横槍《よこやり》が入って頓挫《とんざ》したり、急にライバルが現われて先を越されたり……。得られるはずだったものを奪われ、どうしようもなく悔しいときにぴったりなのが「地団駄《じだんだ》を踏む」。

「まさかの結果に地団駄を踏んで悔しがった」「よもや失敗するとは受け入れられず、地団駄を踏んだ」などと使うことができます。

この「地団駄」とは、「地踏鞴《じたたら》」から変化した言葉。足で踏んで空気を送りこみ、砂鉄を精錬するふいごをさしています。火力が衰えないようにするには、力一杯足を踏みこみ続ける必要があり、激しい動きだけに顔が真っ赤になるといいます。

その様子から、非常に悔しがったり、怒ったりして地面を踏み鳴らす比喩となったのが「地団駄を踏む」というわけです。

ですから、ちょっと悔しかったとか、ムッとした程度にはふさわしくありません。**足で地面を踏みつけ、ドンドンと踏み鳴らさなくては気がすまないくらい激しい感情を表わしたいときにぴったり**です。

170 激しい怒りがふき出す「恨み骨髄に徹す」

信頼していた人に裏切られたり、だまされたりすると、誰しも強い「負」の感情が湧くものです。たとえば、親友と思っていた人から「営業成績を上げないとクビになる」と懇願され、助けようと自分の知人を紹介したら、お金だけとって雲隠れ……。

こんな仕打ちには激しい怒りを覚えるはずです。こういう気持ちを表わすのが「恨み骨髄《こつずい》に徹すとは、まさにこのことだ」というような言い回しです。

「恨み骨髄に徹す」とは、読んで字のごとく、恨みが骨の髄まで入りこむこと。**それだけ強い恨みだという意味**で、「恨み骨髄に入る」ともいいます。

由来は、古代中国の『史記』。

春秋時代に晋《しん》が秦《しん》との戦に勝ったとき、晋の君主の后《きさき》になっていた秦の君主の娘が、捕まった秦の将軍三人について「父（秦の君主）は、三人への恨みはきっと骨髄に徹しているでしょうから、秦に戻して死刑にしてもらいましょう」と言ったといいます。

そこで三人を秦に戻したところ、死刑どころか厚遇されることに。実は后の言葉は、この三人を助けるための方便だったのです。

171 大急ぎで向かうことが「おっとり刀で駆けつける」

緊急時、大急ぎで駆けつけるとき、最近では「秒で行く」と言う人が増えています。秒単位で表現するとは大げさですが、昨今の社会の気ぜわしさを表わしているのでしょうか。

そのような現状では、「おっとり刀《がたな》で駆けつける」という言い回しは、悠長で間が抜けているように聞こえるかもしれません。

ところが、これは「おっとりしている」の「おっとり」ではなく、**急な出来事に大急ぎで駆けつける**という形容。「おっとり刀」は漢字で「押っ取り刀」と書き、武士が刀をきちんと腰に差す余裕もなく、急いでいるゆえに手に持ったままであることを表わしているのです。

武士の時代が遠くなった現在でも、「知らせを聞いて、おっとり刀で駆けた」「おっとり刀で駆けつけたが、間に合わなかった」などと使うことができます。

ただこの言い回し、通じない若い人には、同じような意味合いの「とるものもとりあえず駆けつけた」と言いかえたほうが、誤解がなくていいかもしれません。

172 ケンカ別れでも穏やかに聞こえる「袂を分かつ」

学生時代からともに音楽活動をしていた相手と、別々の道を行くことになった……。そんなとき、「ケンカ別れした」と言っては身も蓋《ふた》もありません。

「方向性の違いから袂《たもと》を分かつことになった」

これなら**それまでの関係を断《た》ったことが生々しい言葉抜きで伝えられます。**「袂」とは和服の袖つけから下の袋のように垂れた部分。洋服でいえば袖であり、「袖を分かつ」と言っても同じ意味合いになります。

由来は、結婚した女性が振袖《ふりそで》の袂を短く切り、留袖《とめそで》に仕立て直した風習にあります。女性の振袖は江戸時代に長くなり、男性の求愛に応じるかどうかを袖の振り方で示すようになったといいます。「振る」というのも、そこから来た言葉。既婚者は求愛を受けないので、結婚すると袖を短く切ったのです。それは同時に、夫の家に嫁いで実家を離れ、縁を切ることを意味していました。

時代は変わり、結婚しても実家と決別する必要はなく、振袖を着る既婚女性もいますが、パートナーシップを解消する際には今も広く使われる表現です。

173 大泣きしたい気持ちを表わす「袖を絞る」

「悲恋《ひれん》を描いた映画で袖を絞《しぼ》る人が大勢いました」

「亡きお父様のお話、袖を絞りながらお聞きしました」

このように使う「袖を絞る」という言い回しをご存じでしょうか。

ひどく涙を流すことをさしています。

和服に縁がない今の人には、ピンとこないかもしれませんが、かつて目尻を着物の袖でそっと押さえ、涙をぬぐう姿は当たり前の光景でした。着物の袖は垂れているので、手に取って当てやすかったのでしょう。

ですから、「袖を濡らす」といっても泣くことを表わします。流れる涙を袖でぬぐっていた様子が伝わります。

「袖を絞る」については、「搾《しぼ》る」と間違えないように。

ともに水気を出すしぐさですが、両端をねじるときが「絞る」、圧迫して水気を押し出すときは「搾る」になります。レモンや牛乳は「搾る」ですが、着物の濡れた袖は「絞る」です。

174 粋で気風がいい若者を「いなせ」

下町で催される祭りに行き、神輿を担いでいる男らしい姿に胸躍らせた女性もいるかもしれません。法被《はっぴ》にはちまき姿の若者を目にすれば、女性に限らず「カッコいい」と誰もが感じるでしょう。

そのような状況にぴったりはまるのが、「いなせ」という言葉。**粋《いき》で気風《きふう》がいい若者や、その様子**を表わしています。「いなせな若者を見かけた」「いなせな姿に胸がときめいた」などと使うことができます。

「いなせ」の語源には諸説あり、一説には日本橋の魚河岸《うおがし》で働く若者が結《ゆ》っていた髷《まげ》が、イナという魚の背に似ていたからといいます。漢字で書くと「鯔背」。威勢がよくて、さっぱりした気質も表わしており、現代人が思い描く江戸っ子らしさが感じられます。

また、「鯔背足駄《あしだ》」と呼ばれる高下駄《たかげた》からきたという説もあります。これは江戸時代の末期に、江戸の職人、侠客《きょうかく》などが履《は》いていたもので、長い鼻緒《はなお》がついているのが特徴でした。

175 心配事が晴れたら「愁眉を開く」

「よかった、安心した！」という気持ちを書き言葉として伝えるなら、どんな表現があるでしょう。こちらの気持ちがふさぐほどの心配事なら、「愁眉《しゅうび》を開く」という言い回しを使うことができます。

字面を見ると、とても難しい言葉のように思えるかもしれませんが、わかりやすくいうと、**愁《うれ》いでひそめていた眉を元に戻すということ**です。心配なことがあると自然と眉根《まゆね》が寄ってしまいますが、その心配事や悲しみが消えて、安心した顔つきに戻ることを表わしています。

「無事帰国されたと伺い、一同、愁眉を開いた次第です」

「過酷極まる環境の中、登頂に成功されたとの報に、愁眉を開きました」

このように、気遣う人の身が危機的状況であったり、極めて困難な状況にあったりした場合に、ふさわしい言葉です。

自分が相手を心から心配していたこと、その心配が晴れてどれだけ安堵したかを知的に、上品に伝えられます。重みのある表現が相手の印象に残るはずです。

176 身の潔白を訴えるときは「天地神明に誓う」

日々の生活の中では思わぬトラブルが起きるもの。身に覚えのない疑いをかけられることもあるかもしれません。不具合を隠蔽《いんぺい》したとか、お金をごまかしたとか問題が深刻な場合、時を置かずに潔白を訴えるのが得策でしょう。

そのようなシチュエーションで、「私じゃありません」「信じてください、ホントです」などと日頃と同じ調子では、説得力がありません。

「天地《てんち》神明《しんめい》に誓って潔白です」「天地神明に誓ってそのような事実はございません」

このように「天地神明に誓う」と仰々《ぎょうぎょう》しい言い回しをすると、強い気持ちが伝わります。天地の神々、**すべての神々に誓うと宣言できるほど曇りがない、揺るぎない事実だということ**です。

最近では、「天地神明」ではなく「天地天命に誓う」と間違える人が増えています。「天命」は天の命令のことであり、それでは意味をなしません。

また、もう少しおさえた表現なら、「神にかけて誓います」「神に誓って潔白です」などの言い方もあります。

177 先々に悪い影響を与えるのは「禍根を残す」

ビジネスでは現状だけでなく、少し先にも目を向けて考える必要があります。

たとえば、「このままでは先々大変なことになりかねません」と、上司にメールで伝えたところで、あまりインパクトは出ません。

では、「このままでは先々に禍根《かこん》を残すことになりかねません」とすればどうでしょう。

「禍根を残す」という硬い言葉が、上司の注意を引くはずです。少なくとも深刻に考えているという姿勢は伝えられるでしょう。

この「禍根」とは、災いの起こるもと、原因のことをいいます。**問題となる源を作らないようにしたいという思いが伝わります。**

「将来に禍根を残さないためにも、徹底した話し合いが重要かと存じます」

「このまま禍根を残しては、次世代に顔向けができません」

こうした使い方もできます。ただ、かなり強いフレーズなので、安易に使うと誤解のもとになってしまいます。

178 あまりにも恥ずかしいときは「ほうほうの体で逃げる」

思い出してしまっても赤面してしまうような、赤っ恥をかいた経験は誰しもあるでしょう。イマドキの言い方では「超はずい！」でしょうか。

ただ、恥ずかしさを伝えるのに、こんな言い方をしていては、人からは「たしかに恥ずかしいね」と皮肉のひとつも言われそうです。

そこで注目したいのが「ほうほうの体《てい》」という言葉。

漢字では「這う這うの体」と書くのですが、これは文字通り這《は》い出さんばかりの様子をさしています。**大変な恥をかいたり、ひどい目にあったりして、大あわてでその場を逃げ出すところ**を表現した慣用句です。

一説によると、由来は戦国時代にさかのぼります。矢が飛び交う合戦のさなか、這うようにして逃げ出す武士の様子を言い得て妙です。

たとえば「若く見えたので、タメ口をきいていたら実は幹部だった」「専門家相手ににわか仕込みの知識を得々と語ってしまった」といった状況では、「ほうほうの体で逃げた」とすれば、あまりにも恥ずかしかったという気持ちを表現できます。

179 渋いオヤジをさすなら「苦み走った男」

いつの時代もオヤジは煙たがられがちですが、自分の周りにひとりくらい「渋めのオヤジ」がいませんか。顔つきが引き締まっていて、渋みが醸し出ている男性です。そういう男性は「苦み走った男」と表現できます。

なぜ「苦み」なのかと不思議に思っている人も多いはず。

文字通り苦いものを食べたときのような顔つきを「苦み走る」と言います。人は甘いものを食べれば表情がやわらぎ、苦いものを食べれば渋い顔になります。

他人に媚《こ》びたり、にやけたりせず、ストイックな厳しさを感じさせるのが「苦み走った表情」であり、「苦み走った男」なのです。

ちなみに、熟年の渋い男性には「いぶし銀の魅力」という形容もできます。「いぶし銀」とは、硫黄《いおう》のすすでいぶして、つやを消し、変色させた銀のこと。そこから転じて、華やかな輝きはないけれど、内側からにじみ出る渋い魅力を表わすようになりました。ベテラン俳優について「さすが、いぶし銀の演技だ」と称賛することもあります。

180 言い訳もできないときは「ぐうの音も出ない」

自分に非があり、恋人に言い訳をしようにもできない場合、どのような言葉を返せばいいでしょうか。

ここは「申し訳ない。ぐうの音《ね》も出ない」と潔《いさぎよ》く謝るのがベストかもしれません。「でも、それは……」「いや、そうじゃなくて……」と弁解していると、さらに関係がこじれてしまうことに。

「ぐうの音」の「ぐう」とは、息が詰まったり、ノドに何かがつかえたりして苦しいときに出る音。そこから、苦境に追いこまれたときに発する声にも用いるようになりました。

その声すら出ないのが「ぐうの音も出ない」状態。つまり、**非難されたり、問い詰められたりして苦しい状況に陥って、言葉が出ないこと**を表わします。言い訳や反論をしようにもできないわけですね。

「そこまで言われたら、ぐうの音も出ないよ」「証拠を見せられて、ぐうの音も出なかった」といった使い方ができます。

181 予想外の衝撃に「青天の霹靂」

「独身を謳歌《おうか》していた彼の突然の結婚発表は、ファンにとって青天《せいてん》の霹靂《へきれき》だ」
「社長の辞任発表は社員にとって青天の霹靂でした」

このように**予想もしていなかった出来事が突然起こり、非常に驚いたことを表わす**言葉が「青天の霹靂」。自分ひとりでなく周囲の人、ときに社会全般を驚かせる出来事にも用いられ、受けた衝撃の大きさを表現できます。

「青天」とは文字通り青く晴れ渡った空のこと。「霹靂」はとどろく雷鳴を意味します。晴れ渡っていた空に、突然雷が鳴り響いて人々を驚かせたというわけです。

とすると、「青天」ではなく「晴天」のほうが、ぴったりのように思えますね。

しかし原典をたどると、南宋《なんそう》時代の詩人陸游《りくゆう》の詩の一節に行きつきます。そこに「青天に霹靂を飛ばす」とあり、これがもとになって「晴天」ではなく「青天」と書き表わすようになりました。

最近では、意味が同じこともあり「晴天でも間違いではない」と唱える人もいるようです。

182 気の毒な目上の人に「おいたわしい」

たとえば、上司がケガや病気で療養し、久しぶりに出社したとき。そのやつれた様子や歩行がままならない姿を見て、「かわいそう……」とつぶやくのはためらわれます。見た目以上に元気であれば「失礼だろう」と思うでしょうし、その余裕がなければ傷つき、みじめに感じるでしょう。

目上の人を気の毒に思い、同情する状況では「おいたわしい」という言葉を覚えておくと役立ちます。

「いたわしい」は、漢字で「労わしい」と書き、もともとは自分のことでもほかの人のことでも苦しくて大変なことを表わしました。それが今日ではおもに、誰かの苦しい状態を不憫《ふびん》に思い、心が痛むときに用いられています。

時代劇でも、主君が苦難にあい、落ちぶれたところを目の当たりにした家来が「おいたわしや」と涙を流す場面がよく描かれます。

目上の人に対して「かわいそう」という気持ちになったら、「おいたわしい」に置きかえるといいでしょう。

183 ぴたりと言い当てているなら「いみじくも」

デキる大人を印象づけるには、ことわざや名言を上手に引用する手があります。その際、言い添えるとさらに効果が上がるのが「いみじくも」という言葉。

「雨降って地固まるとは、いみじくも言ったものです」

「アインシュタインがいみじくも言った通り……」

といった使い方です。「いみじくも」とは、**誠にうまく、巧みに、まさに、適切に**といった意味合い。程度がはなはだしいことを表わす形容詞「いみじ」からきています。

誰かがぴたりとうまく言い当てている、巧みに言い表わしているといったときに、「いみじくも言った」という使い方をすれば、難しい言葉を使いこなせる人という印象が残るでしょう。

ただ、ちょっと古風な言葉だけに、相手に正しく伝わらないおそれもあります。鋭い指摘を受けて「いみじくも課長に指摘していただいた通り」と言うと、「何だか偉そうなヤツ」と誤解されるかもしれないので注意が必要です。

184 あきらめざるをえないときの「断腸の思い」

たとえば、順調に進んでいた大型案件が先方の都合で破談にされたとき、残念で仕方ない気持ちを表わすのに役立つのが「断腸《だんちょう》の思い」という表現。

「今回は、断腸の思いであきらめます」

「期待が大きくふくらんでいただけに、断腸の思いです」

大げさなように思えても、このような一文を入れることで、**「大変残念です」という言い方では伝えきれない思いがにじみます。**

「断腸の思い」とは字のごとく、腸がちぎれるほどの悲しみ、辛い思いを表わします。由来は中国の故事。晋の武将が旅をしていたとき、その従者に子猿を捕らえられた母猿が、一〇〇里を越えてあとを追い、ようやく一団の船に飛び乗ったところで絶命。その腹を割くと、悲しみのあまり腸がずたずたに断ち切れていたという話からです。

それほどの悲しみ、苦しみを表わす言葉ですから、日常のちょっとした悔しい出来事には釣り合いません。

イマドキのこんな
\イイね/は、こう言いかえる!

恋人ができたと喜んで報告してきた友人に
「イイじゃん!」

「私もあやかりたい!」

プロジェクトをやり遂げた同僚とともに
「イイね、終わったよ!」

「感無量だよ」

大好きなテーマパークに行こうと誘われて
「それ、イイね!」

「楽しみで小躍りしそうだよ」

7章

漢字で書いて送りたいことば16

185 イケメンを上品に言うなら「端正な顔立ち」

気楽なおしゃべりなら「すごいイケメン」でもいいでしょうが、文字にするなら少し工夫をしたいもの。きれいな顔をしているというニュアンスなら「端正《たんせい》な顔立ち」という表現があります。

「端正な顔立ちに心を奪われた」「あの端正な顔立ちが目に焼きついて離れない」といった使い方ができます。

この場合の「端正」は**目鼻立ちなど顔が美しく整っている様子**をいい、「端整」とも書きます。

一般的には男性に対して使われることが多いので、「イケメン」と置きかわるでしょう。

一方、顔立ちだけでなく全身の姿も美しく整っていることは「容姿端麗《たんれい》」といい、こちらは女性に対してよく使われます。「相手があまりに容姿端麗で緊張してしまい、なかなか言葉が出なかった」というように使います。つまりは美人、美女ということです。

186 真面目さをアピールするなら「真摯」

今後に向けての姿勢を示す際に役立つのが「真摯《しんし》」という言葉。

「真摯に取り組む所存です。なにとぞよろしくお願い申し上げます」

そんなビジネスレターの文面を見たことがあるでしょう。

「真摯」とは、真面目で熱心であること。**ひたむきに、一所懸命に何かをとり行なう様子を表わします。**

「これからも頑張ります」では、学生気分の抜けていない新入社員のような印象ですが、「今後も真摯に取り組む所存です」とすれば、気構えが感じられますね。

また、「業務再開に向け、従業員一同、真摯に取り組む所存です」というように、目的や取り組む課題を明確にした使い方もできます。

一方、批判を受けたときは、「真摯に受け止める」という表現が常套句です。

「ご指摘を真摯に受け止め、改善に尽くす所存です」

「今回のご批判を真摯に受け止め、対策を進めております」

真面目に取り組もうとする気持ちが伝わります。

187 〝二度としません〟は「肝に銘ずる」

仕事でミスをして上司から注意され、「さっきはすみませんでした」「もうしません」という応対では、上司はかえって不安を募らせるでしょう。どことなく頼りない印象を受けるからです。

ミスを反省し、同じ失敗はしないと誓うなら、「肝に銘《めい》ずる」という言い回しを使うと効果的です。

「今回の一件は肝に銘じます」

「肝に銘じて、今後は十分注意します」

このような言葉遣いであれば、真剣な気持ちが伝わります。

「肝に銘ずる」とは、心に刻んで忘れないこと。なぜ「肝」なのか不思議に思うかもしれませんが、昔の人はここに魂が宿ると信じていたためです。現代人の感覚では「心」という意味で使われます。

一方の「銘ずる」とは深く刻みつけること。「忘れないように心に命じる」というイメージからか、「肝に命ずる」という間違いを見受けるので注意しましょう。

188 愛情をかけて大事にする「慈しむ」

目下の人や弱い者に対して愛情を注ぐことを表わすのが、「慈《いつく》しむ」という言葉。

このため、会社の上司やお年寄りなど、目上の人に対しては用いません。

ただ、介護を必要とするお年寄りの世話をする際に、「慈しむようにお世話しています」といった言い方はあるようです。

「我が子を慈しむ母親の姿に神々《こうごう》しさを感じました」

「初めてのお子さんを慈しんで、もうすっかりパパの顔ですね」

そんなふうに、相手の子どもへの愛情を表わす場合に使うことができます。

また、職場の上下関係の様子にも用います。たとえば、異動になった上司にメールなどで感謝の気持ちを伝える際、「課長は厳しいだけではなく、部下を慈しむように育ててくださいました」といった書き方ができます。

「慈しむ」は平安時代には「うつくしむ（美しむ）」と書かれていました。それが「敬《うやま》って大切に世話をする」という意味の「いつく（斎く）」と結びつき、中世末期に「慈しむ」へと変化したといわれています。

189 他人が信じられない「疑心暗鬼」

人間関係のトラブルから、誰のことも信じられなくなるのは、とても辛いことです。**人が信じられない、そんな心理状態を表わす**のが「疑《ぎ》心《しん》暗《あん》鬼《き》」という言葉です。

「すっかり疑心暗鬼になってしまって、外出する気にもなりません」

「疑心暗鬼にとらわれて、先に進むことができません」

誰かに相談するとき、今の自分の気持ちをわかってもらいたいときなど、的確に伝えられます。

「疑心暗鬼」の「疑心」とは文字通り「疑う心」、「暗鬼」は「暗いところに出現する幽霊」。

古代の中国では「疑う心があると、暗鬼が現われる」として、「疑心、暗鬼を生ず」と表現されました。それがいつしか「生ず」が省略されて、「疑心暗鬼」という四字熟語として使われるようになったのです。

他人の言動や行動に疑いの目ばかり向けていると、すべてが怪しく見えてしまいます。鬼が出て来る前に解決したいものですね。

190 大変な苦労を訴える「四苦八苦している」

苦しい状況からSOSを求める手紙やメッセージを書くとき、よく使われるのが「四苦八苦」という言葉です。

「ここ何か月もバイトに入れず、月々の支払いに四苦八苦している」というように**金銭的な苦境、仕事の苦労など広く使うことができる**言葉です。

由来は仏教用語で、「あらゆる苦しみ」をさしています。

「四苦」とは「誕生」「老」「死」「病」の苦しみ。なぜ誕生が苦しみになるのか、不思議に思いますが、仏教では思いのままにならないことが苦しみで、意思が及ばない誕生も含まれるのです。

一方の「八苦」とは、親愛な人との別れである「愛別離苦《あいべつりく》」、恨んで憎んでいる人に会う「怨憎会苦《おんぞうえく》」、求めるものが手に入らない「求不得苦《ぐふとくく》」、心身を形成する五つの要素（五蘊《ごうん》）から生まれる「五蘊盛苦《じょうく》」の四つが、最初の四苦に加わり合計八つとなります。生きることは苦しいこと、それを見極め安らかな心を持つようにと仏教は教えています。

191 行き詰まって身動きが取れない「二進も三進もいかない」

職場の人間関係や仕事の進行に問題が発生し、身動きが取れない状況に追いこまれてしまった——。信頼できる上司や先輩に相談するとき、状況を伝えるのに使えるのが「二進《にっち》も三進《さっち》もいかない」です。

物事が行き詰まり、どうにもこうにもならない状況に追いこまれたことをさします。

その由来は、そろばんの割り算の用語にあります。「二進」は2割る2の「二進一十《にしんのいっしん》（二を二で割ると一が立つの意）」、「三進」は3割る3の「三進一十」のことで、ともにきれいに割り切れる計算です。商売のやりくりがうまくいっていることを連想させます。

一方、割り切れない場合、金銭の都合がつかずに手詰まりになり、追い詰められたことを連想させ、そこから「二進も三進もいかない」というようになったのです。

「二進も三進もいかない状況で、困り果てております」

「手を尽くしてみましたが、二進も三進もいかない状態です」

現在では、このように金銭とは関係のない人間関係でも頻繁に使われています。

192 イラつく感情を強く表わす「忌々しい」

「大切な日なのに、雨が降ってイラついた」

「大切な日だというのに、忌々《いまいま》しいことに雨が降った」

いかがでしょう。友達とのおしゃべりなら前者でかまわなくとも、文章にするなら後者のほうが締まる上、強い気持ちが伝わりますね。

「忌々しい」とは、病や死のけがれを忌み、避けることから生まれた表現です。

不吉であるとか、縁起が悪いといった意味合いから、してやられた悔しさを表わすようになりました。**自分ではどうにもできないことを腹立たしく思う気持ちが出ています。**

たとえば、何かのお祝い事の集まりのシーン。どこで聞きつけたのか、皆からうとまれているトラブルメーカーが登場した場合、「晴れの席なのに忌々しい」「喜びに水を差す忌々しいヤツが現われた」などと使えます。

また、自分がどんなに頑張っても勝てない相手をさして、しゃくにさわるという意味で「忌々しいヤツ」と言うこともあります。

193 爆発しそうな激怒なら「怒り心頭に発する」

カチンときた程度でなく、爆発しそうなほど激怒したとき、その気持ちはどう表現すればいいでしょう。

たとえば、「知らせを聞いた課長は、怒りました」では、想像の範囲内の怒りを思い浮かべます。「とても怒りました」でも、怒りの激しさは伝わりません。

では、「知らせを聞いた課長は、怒り心頭《しんとう》に発した様子でした」とすると、どうでしょうか。いつもとは違う激しい怒りにかられた場面が浮かびます。

「怒り心頭に発する」とは、激しい怒りが瞬時にこみ上げること。**「心頭」は心の中を表わし、心の中におさえきれないほどの怒りが激しく発することを意味します。**

最近は、頭まで怒りが「達する」イメージなのか、「怒り心頭に達する」と間違える人が多くいます。「心中で発する」ととらえるのが正解です。

「予告なしの大量キャンセルに、怒り心頭に発して思わず拳《こぶし》を机に打ちつけた」「怒り心頭に発するとはこのことかというほど、社長は憤激されました」

激怒したことを示す際に、広く使うことができます。

194 ダントツだと思ったら「秀逸・卓越」

友達や知人のSNSを見て、感想を寄せる機会はますます増えています。趣味の作品の出来がすばらしく、「ダントツにいい！」と言いたいときは、「秀逸」「卓越《たくえつ》」といった言葉を使うのも手です。

ほかと比べて抜群に優れていることを表わすのが「秀逸」。同じ分野で活動している人の作品と比べて、抜きん出てすばらしいという意味になります。料理でもインテリアの飾りでもクラフト作品でも、幅広く使うことができます。

しかも、「秀逸だね」「まさに秀逸」といった短い一言で、印象的な賛辞になるので便利です。この秀逸という言葉は、古くは和歌や俳句などの世界で、最高評価を取った作品に使われていました。

一方の「卓越」も、ほかのものよりはるかに優れていることを意味します。目上の人にならこのような使い方ができます。

「卓越した技量に感服しました」「卓越したテクニックに目を奪われます」

仕事の上で、技術が優れている先輩や同僚に伝えるときに用いてもいいでしょう。

195 ありえない無理難題には「言語道断」

取引先の担当者が、ブラックな要求を押しつけてくることもあるかもしれません。そんなときも、ふだんの会話のように「ムリ、ムリ！」「ありえないっしょ！」と軽いノリで却下できれば楽でしょうが、ビジネスともなればそうはいきません。メールなど文章にするなら「言語道断《ごんごどうだん》」という四字熟語を使うと重みが出ます。とんでもないこと、もってのほかであることを意味する強い否定、非難の言葉です。

たとえば、「不徳義なご提案であり、言語道断と考えます」と書き、具体的な経緯、理由を説明するのがいいでしょう。

状況によっては、はっきりとノーをつきつけることになります。その場合も、「コンプライアンスに照らし合わせ、言語道断の要求であると判断いたしました」といった表現が考えられます。**極めて強い拒絶です。**

「言語道断」は、もともと仏教用語で、奥深い真理を意味していました。そこから転じて言葉では言い表わせない立派なことをさすようになったのですが、悪い意味へと一転した経緯があります。

196 プライドが許さないときには「沽券にかかわる」

誠実に仕事に励んでいる自分のプライドが傷つけられたという場合、「プロとしての沽券《こけん》にかかわります」という言い方ができます。「私のプライドが許しません」では、生意気な若者が虚勢を張っているように映りますが、「沽券にかかわる」なら、重みが出ます。

会社の体面、信頼にかかわる問題という場合も、「会社の沽券にかかわる問題」のように表現できます。

また、かつては「男の沽券にかかわる」との使い方もされましたが、今では時代錯《さく》誤《ご》の男らしさのような印象があり、あまり使わなくなりました。

「沽券」の「沽」は売買する、「券」は証文《しょうもん》という意味。もともとは土地や家屋などを売り渡す際、買い手に渡す証文が「沽券」でした。そこから売買にあたりもっとも重要となる売値をさすようになり、値段は価値を表わすことから**人間の値打ちや体面、品位といった意味でも使われるようになった**のです。

197 マルチな活躍を賞賛する「八面六臂」

多方面ですばらしい手腕をふるうことを「八面六臂《はちめんろっぴ》」といいます。ひとりではこなせないような、何人分もの働きをするという意味合いもあります。この「面」は顔、「臂《ひじ》」は肘、つまり腕のこと。八つの顔と六つの腕を持っているのが「八面六臂」です。

何やら奇怪だと思うかもしれませんが、たくさんの顔、腕を持った仏像を見たことがあると思います。八面六臂は、ヒンズー教から仏教に取り入れられ、武士の守護神として知られる摩利支天《まりしてん》の姿なのです。かつては三つの顔と六本の腕を持つ姿をかたどっていましたが、時代とともに数が増え、八面六臂へと変化しました。

仕事をしながら子育てをしている友人が、趣味の絵画では展覧会で入賞し、町内会では役員を務めるなど幅広く活動していると知ったときは、メールに「すばらしい。八面六臂の大活躍ですね」と書いて送るのはどうでしょう。

先輩や親戚には、手紙に「八面六臂の活躍とは、まさに○○さんのことですね」「八面六臂のご活躍、ただただ敬服するばかりです」といった書き方ができます。

198 不平や不満がすっきりしたときの「溜飲を下げる」

コンプライアンス対策が進められていても、不条理が残る職場は少なくありません。我慢に我慢を重ねてきた問題がすっきり片づいたときは、「溜飲《りゅういん》を下げる」という言い回しが使えます。

たとえば、「皆の訴えでついに上司が処分を受け、溜飲を下げました」という使い方ができます。「溜飲を下げる」とは**不平不満、恨みなどを解消して、気を晴らすこと**を表わします。

「溜飲」とは一般的に、胸やけ、げっぷのことだとされます。厳密には、胃の消化不良で出る酸性の「おくび」（げっぷ）であり、神経性胃炎にあたるともいわれます。不平不満や恨みが募り、胃が痛くなって酸《す》っぱいげっぷが上がってくる症状です。

そのような不調を抱える原因がなくなり、不平不満が解消されて清々《せいせい》した気持ちになるのが「溜飲を下げる」ということです。

最近は、「恨みを晴らす」「鬱憤《うっぷん》を晴らす」と混同し、「溜飲を晴らす」と間違う例がしばしば見受けられます。

199 〃ウザい〃を言いかえるなら「鬱陶しい」

知らず知らずのうちに**気分が重苦しく、ふさいでしまうこと、晴れやかな気分になれないこと**を「鬱陶《うっとう》しい」と形容できます。「ああ、この仕事ウザい」と思わず口をついて出る気持ちは、言いかえれば「難しい案件を抱えていて鬱陶しい」ということになるでしょうか。

また、「ウザい」と思う人がいたら、どこが「ウザい」のかを考えてみるといいでしょう。

それを婉曲的に第三者に伝えるなら、「あの人は何かにつけて口をはさんでくるので、少し鬱陶しいところがあるかもしれません」となるでしょう。

気分だけでなく天気にも用いるので、覚えておくと手紙を書くときに便利です。ジメジメして太陽が射しこまないような日が「鬱陶しい天気」。梅雨時は「鬱陶しい天気が続きますが、いかがお過ごしですか」というように挨拶に使えます。まさか「ウザい天気」と書く人はいないでしょうが、「鬱陶しい天気」とフレーズとして覚えておくと役立ちます。

200 今流の〝元サヤ〟が「焼け木杭に火がつく」

「あのふたり、派手にケンカして別れたけど、元サヤだって。お騒がせだね」

そんな言葉を聞くことがあります。「元サヤ」とは「元の鞘におさまる」の略。いったんは縁を切ったが、また元に戻ることをいいます。

カップルが別れを経験しながら、なぜかまた復縁する……。それをほのめかす言い回しに「焼け木杭《ぼっくい》に火がつく」があります。「焼けボックリ」と勘違いしてしまう人もいるので、気をつけましょう。

「焼け木杭」とは、燃えさしの棒杭《ぼうくい》のこと。一度焼けたものは火種がくすぶっていることも多く、何かのはずみで再び火が燃えあがることがあります。これが「焼け木杭に火がつく」です。

そこから転じて、**以前深い関係にあったふたりは再び元の関係に戻りやすいこと**をさして使われるようになりました。おもに恋愛関係について用い、「あのふたり、焼け木杭に火がついたか」というように使います。「友達に戻った」と公言していても、何かのきっかけで再燃するのは世の常なのかもしれません。

（了）

本書は、本文庫のために書き下ろされたものです。

ことばの「言《い》いかえ」便《べん》利《り》帖《ちよう》

著者　博学面白倶楽部（はくがくおもしろくらぶ）
発行者　押鐘太陽
発行所　株式会社三笠書房
〒102-0072 東京都千代田区飯田橋3-3-1
電話　03-5226-5734（営業部）03-5226-5731（編集部）
https://www.mikasashobo.co.jp
印刷　誠宏印刷
製本　ナショナル製本

 ISBN978-4-8379-6958-7 C0130

王様文庫